スタートライン
会計学

第2版

立命館会計教育研究会［編］

Accounting

中央経済社

第2版　はじめに

学校祭，成功，そこに会計あり

　数年前のことです。

　本学のあるゼミナールの4回生が，11月の学校祭に模擬店を出しました。商品は，「きりたんぽ鍋」と「塩焼きそば」です。10人ほどの有志で材料，コンロ，テーブルを手配して出店しました。11月といえば，もう，かなり寒くなっていますので，温かい「きりたんぽ鍋」は飛ぶように売れました。そこまでは，他のゼミナールの学生達と同じです。

　ただし，このゼミナールが他と違っていたのは，会計のゼミナールだったことです。彼らは，管理会計という分野の「損益分岐点分析」という手法を利用しました。「きりたんぽ鍋」を一杯いくらに設定して，何杯売れば利益が出るか，また，きりたんぽ鍋のサイドメニューに何を設定して，それも何皿売ればよいか，事前に計算していました。普通の模擬店は，たいてい赤字で，参加者の持ち出しになっていますが，彼らは緻密な計算をもとにして，○万円という利益目標額をあっという間に達成してしまったのです。夜は，みんなで豪遊（？）だったそうです。

　経営学は，主に，企業の経営を学習します。みなさんが，普段目にする「商品」，たとえば，ジュース，お菓子，携帯電話，服や靴，車，さまざまなものが，企業によって作られています。経営学の授業では，企業が，どのようなプロセスで新しい商品を生み出し，売上を伸ばしていくのかを学習します。それは，企業の経営者や従業員が，「夢」を実現し，そして同時に，社会のたくさんの人々に「夢」を与えるプロセスを学習することでもあります。

　そして，会計は？

　会計というと単なるお金の計算と思うかも知れません。でも違います。

さきほど，ゼミ生が模擬店で成功した事例を紹介しましたね。彼らは，別に，消費者をだまして利益を稼いだわけではありません。それどころか，「きりたんぽ鍋」という秋田名産で，関西では，ほとんどお目にかかれない，耳にすることもない，でも，すごくおいしい商品を，安価で提供して，消費者に喜ばれました。

　努力して良い商品を消費者に提供し，利益を出した彼らはハッピーです。もちろん，一般の人たちも，11月の寒いなかで，めずらしい，あたたかい，美味しいものを食べることができた。こちらもハッピーですね。**会計の使命は，このように，さまざまな人たちが，おのおのの夢を実現し，自分だけではなくお互いに幸せになる方法の1つを提供することです。**

本書の構成

　「きりたんぽ鍋」の例は，いってみれば，楽観的で脳天気な話かも知れません。実際には，不幸なことに会計でウソをついて，社会をだます人たちもいます。あるいは，考案された利益の計算方法では，みんなの努力が上手く数字（金額）として表現できないこともあります。どうしたら，みんなの努力が上手く数字に表現できるのか，あるいはウソをつかせないためにはどうしたらよいか。その仕組み（制度）やルールを，日夜，研究するのが，会計学という学問です。

　本書は，全体として5つのパートに分かれています。

　＜第Ⅰ部　What's "会計学"!?＞では，会計の成り立ちと計算方法（簿記）の基本を学習します。

　＜第Ⅱ部　財務会計のキホンを学ぼう！＞では，企業が作成する貸借対照表，損益計算書（財務諸表といいます）の成り立ちと，それぞれの要素，考え方について学習します。企業は，銀行や投資家から，資金を提供してもらうために，財務諸表を作成します。銀行や投資家は，財務諸表（と他の情報）を見て，その企業への融資・投資の判断をします。財務会計は，こうした企業と銀行・投資家をつなぐ会計であり，ここで，その基本を学習します。

　＜第Ⅲ部　経営分析のキホンを学ぼう！＞では，財務諸表の利用方法を学習します。企業に関する情報はどのように入手できるか，情報の開示形式はどのようになっているか。銀行や投資家といった財務諸表の利用者は，財務諸表から，企業の何をどのように読み取るのか。それがここでの学習課題です。

　＜第Ⅳ部　管理会計のキホンを学ぼう！＞では，企業のなかで，会計がどのように利用されているかを学習します。財務会計は，銀行や投資家など，外部の人たちに企業の内容を説明したり，情報を与えるための会計です。これに対して，管理会計は，企業のなかで，経営者が，あるいは上級の管理者（部長，工場長など）が，下位の組織を管理し，ムダをなくしたり，より品質の高い製品を作るための会計です。

　＜第Ⅴ部　監査のキホンを学ぼう！＞では，文字どおり，監査の基本を学習します。今日の大企業では，利害関係者が多く，しかし，その利害関係者は，企業の経営者の行動を監視したりすることができません（してはなりません）。そこで，独立した第三者のチェックが必要になります。これを監査といいますが，ここでは，その監査について学習します。そして，会計のプロフェッショナル，『公認会計士』についても学習します。

　＜第Ⅵ部　会計の最先端に触れてみよう！＞では，決算政策，企業の社会的責任と会計，公会計，グローバル競争における管理会計を学習します。これらは，いわば会計学の最先端の課題領域です。2回生以上の専門科目につながる重要な内容を含んでいます。これまでに勉強した基本的な内容を踏まえて，現在，企業はどのような状況にあり，会計を使って，どのような戦略を考えることができるか。本当の学習課題は，ここからといってよいでしょう。

皆さんへのメッセージ

　本書は，大学1回生の皆さんに，「どうしたら会計の面白さが伝わるか」をコンセプトに，若手・中堅・ベテラン教員のコラボで作られました。

　そのため，できるだけ，わかりやすいテキストを作ることを目標にしま

した。設例・事例を入れて，ストーリーを大切にして，語りかけるように各章を執筆しました。

　会計は，決して一部の専門家のためのものではありません。また，税金の計算や法令を守るために仕方なく行うものでもありません。お互いの幸せのために行うものです。

　一人でも多くの人が，本書での学習を経て，夢を実現し，「お互いに」幸せになる方法に，真剣に取り組むことを願っています。

　最後に本書の出版をお引き受けいただいた中央経済社の山本継会長，編集担当の長田烈氏をはじめとする中央経済社の皆様にお礼を申し上げます。

2020 年 2 月

瀧　博

目　次

第Ⅳ部　管理会計のキホンを学ぼう！

第 **I** 部

What's "会計学"!?

　＜第Ⅰ部　What's"会計学"!?＞では，会計学を学び始めるにあたって，「会計学とはどのような学問なのか？」「複式簿記とはどのようなものなのか？」という，そもそも論をお話します。

　「第1章　会計学ことはじめ」では，まず「カイケイガク」という言葉の由来を紹介し，そこから導かれる会計報告の機能や監査の役割といった基本的なことがらを，身近なものにたとえながら説明していきます。

　「第2章　イメージで学ぶ複式簿記」では，「複式」という言葉のもつ意味を紹介し，そのうえで複式簿記の方法に従って，企業の健康診断書といわれる「貸借対照表」，そして企業の通信簿といわれる「損益計算書」をどのようにつくるのか，イメージ図を使ってわかりやすく説明していきます。

会計学ことはじめ

Key Words

会計学，簿記，情報の非対称性，貸借対照表，損益計算書，監査

1 赤鬼天狗がやってきた !?

　どうして会計学は「カイケイガク」とよばれているのでしょうか。そもそも会計学ってどのような学問なのでしょうか。このテキストでは，会計学を学ぶにあたって，まずこのような根本的なところからお話していきましょう。

　さて「会計学」というと，多くの人はお金の計算をする資格試験の勉強だといったイメージをもっているようです。それはそれであながち間違いとはいえません。しかし，あらためて「どうしてそういった学問を『カイケイガク』とよぶのですか？」と問いかけられると，会計の専門家である公認会計士や税理士の人たちも困ってしまうようです。

　実は，会計学が現在のように「会計学」と名づけられるまでには，ちょっとした命名論争がありました。ときは大正時代，ちょうど今から100年ぐらい前のことでした。福澤諭吉の翻訳書『帳合之法』が明治6年（1873年）に出版され，それからちょうど40年ほど経ち，いよいよ日本でも本格的に会計学が盛んになろうかという頃でした。

　当時，東京高等商業学校（現在の一橋大学）の鹿野清次郎（しかの せいじろう）らは，これは「計理学」とよばれるべき学問であると強く主張しま

した。それに対して，神戸高等商業学校（現在の神戸大学）の東奭五郎（ひがし せきごろう）や明治大学の中村茂男らは，これは「会計学」とよばれるべき学問であると主張しました。今からすると，はなはだ牧歌的な言い争いのようですが，感情的なものも混じったのでしょう，当時の学界が二派に分かれて対立するほど激しいものだったといいます。大学の食堂でたまたま東と鹿野が出会ってしまい，大ゲンカになったことなどが記録されています。

　結局，ようやく昭和2年（1927年）に大蔵省（現在の財務省と金融庁）によって計理士法が制定され，会計専門家の資格を「計理士」，認定科目名を「会計学」としたことで落ち着いたようです。それ以来，会計学は「会計学」として定着するようになりました。先ほど，資格試験の勉強というイメージがあながち間違いではないといったのも，こういった経緯があるからでした。

　ここで注目しておきたいのは，この命名論争がむしろ翻訳論争というべきものだったという点です。つまり，東がもう原語のまま「赤鬼天狗（あかおにてんぐ）」でよいではないか，あるいは下野直太郎（しもの なおたろう）が「勘定学（かんていがく）」が発音の点からも適当だと茶化したように，そもそもは英語の  "Accounting" の和名の名づけ親をめぐる争いのようなものだったのです。

② 会計とは「説明すること」

　では，「会計学」と翻訳されることになった "Accounting" にはそもそもどのような意味があったのでしょうか。Accounting は，動詞 "Account" が名詞になったものです。そこで，手元の英和辞典で動詞 Account の意味を調べてみましょう。すると，どの辞書にも一番に「説明する，（原因や理由を）明らかにする」という意味が載っていることがわかります。つ

まり，会計学（Accounting）はもともと「説明することについての学問」だったのです。

　しかし，「説明することについての学問」といわれてもピンとこないですよね。そこで「人間はどのようなときに説明するのか」について考えてみましょう。すると，すぐに思いつくのは「誰かに何かを伝えたいとき」，「誰かに何かを伝えなければならないとき」ではないでしょうか。一般に，伝えられるものは情報とよばれます。すると，会計学は「情報についての学問」であるともいえることがわかります。

　ただ，情報ならなんでもかんでも会計なのかというと，もちろんそうではありません。情報そのものについての学問としては，情報工学など自然科学系の学問があり，コンピューターや携帯電話の開発など多くの成果を生み出しています。それとは対照的に，会計学は，むしろ人間社会における情報の役割，活用のしかたについて考える社会科学系の学問の1つだということができるでしょう。

　そして，情報のなかでもとくに企業に関する情報を会計学は対象にしてきました。なぜなら，人間社会において企業の役割が，とくに産業革命が起こった18世紀後半以降，とても重要になってきたからです。企業に関する重要な情報といえば，もちろん儲けや財産状態といった金銭にまつわる情報がすぐに思い浮かぶでしょう。お金の計算をする勉強というイメージがあながち間違いではないと最初に述べたのも，こうした経緯があったからです。

　以上のことから，お金の計算をする資格試験の勉強というイメージはあながち間違いではないけれども，会計学はそれほど窮屈なものではないということがわかってもらえたでしょうか。会計学は，社会における企業情報の役割についてさまざまな視点から考えたり，その作り方や使い方について研究したりする学問として発展してきたのです。

③ モラル・ハザードをどう防ぐ？

　さて，会計学は情報についての学問でもあると上記で説明しました。ここからは，情報というものが，とくに企業に関して，どのような役割をもっているのかについて考えてみることにしましょう。

　先ほど紹介したように，会計学は説明することについての学問です。そもそも説明するという行為は，無関係な人間同士においては発生しません。関係がないのなら説明すべきことも，その必要もないからです。説明するという行為は，社会においては，利害関係をもった人間同士，とくに何かを頼んだり頼まれたりする関係の中で発生します。

　経済学では，こういった関係を**エージェンシー関係**（委託・受託関係）とよびます。そして，たとえば財産をもっていて，その管理や運用を誰かに頼む人をプリンシパル，頼まれる人をエージェントとよびます。このようなエージェンシー関係は，もちろん我々の社会のなかにいくらでも存在しています。

　たとえば，身近な例でいうと，母親とお使いを頼まれた子供の関係がそうでしょう。なぜなら，プリンシパル（母親）がエージェント（子供）に財産（お金）を渡して，運用（たとえば豆腐を買う）や管理（お釣りをきちんともらってくる）を頼んでいるからです。他にも，患者と医者との関係や，たとえば歴史的には将軍と大名との関係などいくらでも挙げられるでしょう。ぜひ，自分自身でもエージェンシー関係の例を探して分析してみてく

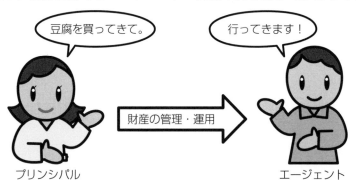

豆腐を買ってきて。

行ってきます！

財産の管理・運用

プリンシパル　　　　　　　　　　　　　　エージェント

ださい。

　さて，ここで質問です。このような関係で問題になることといったら何でしょうか。それは，エージェントがプリンシパルの期待を裏切る可能性があることです。つまり，信頼関係が問題になるのです。エージェントが託された財産を持ち逃げしたり，ごまかしたりする可能性がなくはないでしょう。先の例でいうと，お使いを頼まれた子供がお釣りをごまかすかもしれないといったことです。そういった行動は，**モラル・ハザード**とよばれています。

　どうすれば，プリンシパルはエージェントのモラル・ハザードを防ぐことができるでしょうか。もっとも確実なのは，エージェントをずっと監視しつづけることです。ただ，これではプリンシパルは自分の仕事ができなくなるので犠牲が大きくなってしまいます。このようなモラル・ハザードへの対策のためにプリンシパルが犠牲にする時間や労力，費用などを**エージェンシー・コスト**とよびます。つまり，監視しつづけるのは，エージェンシー・コストがとても高くつくというわけです。

　では，他にもっと安い方法はないでしょうか。その点，歴史的にもっとも古いのは，おそらく暴力を用いることでしょう。プリンシパルがエージェントに対して，もしモラル・ハザードを起こしたらひどいことになるぞと脅すことで，モラル・ハザードの発生を防ぐことは可能です。しかし，これは原始的な手段，あるいは最後の手段といえそうです。

　現代社会は，暴力という原始的な手段に代えて，法律などを整備することで社会的にモラル・ハザードを防ぐような機構を備えているといえるでしょう。ただ，モラル・ハザードが起きてしまった後で，それを証明し，訴訟を起こして法廷で争うのも大変なことです。そのときには取り返しのつかないことになっている可能性もあるでしょう。

　その点，相手にモラル・ハザードを起こさせないように動機づけて，予防するという方法も有効です。たとえば，頼まれたことをきちんとやってくれたらご褒美をあげるという方法などが考えられます。この場合，エージェンシー・コストは，ご褒美やボーナスの値段ということになります。

さらに，エージェントをときに褒め称えたり，プライドをもたせたりすることがモラル・ハザードを防ぐ有効な手段になることもあるようです。この場合，エージェンシー・コストはもっと安くなるかもしれません。

4 会計報告の機能

上記のように，モラル・ハザードへの対策はいくつか挙げられます。実際，ちょっと見渡してみれば，社会においていろいろな形で応用されていることもわかるでしょう。しかし，実はもっともよく利用されている手段がまだもう1つ残されています。それが情報の活用です。

そもそも，なぜエージェントはモラル・ハザードを起こしてしまうのでしょうか。それは，エージェントの行動がプリンシパルには見えない，あるいは理解できないからです。先ほど，モラル・ハザードを防ぐもっとも確実な方法として，監視しつづけるという方法を挙げました。しかし，患者と医者との関係などでは監視したからといって，エージェントである医者が適切な治療・投薬をしているかどうかなんて医学を知らないプリンシパル（患者）にはわかりません。

このように，プリンシパルがエージェントの行動を知りえないとき，あるいは理解できないとき，両者の間には**情報の非対称性**があるといいます。そして，エージェンシー関係において，情報の非対称性があるときには，常にモラル・ハザードの可能性があることになります。そして，情報の非対称性が大きければ大きいほど，エージェントはモラル・ハザードを起こす誘惑によりかられることでしょう。

たとえば，先ほど挙げた患者と医者との関係などは，情報の非対称性が大きい典型例といえます。そのなかで，医者は不要なほど多くの薬を患者に与えて診療報酬を増やそうというモラル・ハザードの誘惑にかられるかもしれません。また，エージェンシー関係が長期化すればするほど，情報の非対称性は大きくなっていきます。会社などにおいて定期的に人事異動を行う理由の1つには，情報の非対称性が大きくなってしまう前にエー

ジェンシー関係を刷新し，モラル・ハザードを防ぐという意味もあるのです。

　さて，モラル・ハザードが起きる原因が情報の非対称性にあるのなら，その原因を緩和するのが直接的かつ有効な手段になりえます。つまり，プリンシパルとエージェントの間の情報格差を是正するのです。そのためには，情報をたくさんもっているエージェントから，情報をあまりもっていないプリンシパルに対して，報告などといったかたちで情報を提供させればよいのです。このように事後報告や説明責任をエージェントに負わせることを「**アカウンタビリティを課す**」といいます。

　このアカウンタビリティの1つとして，会計報告は発達してきました。先ほどいったように，産業革命以降，人間社会において企業の役割がとても大きくなっていきました。そのため，とくに企業の経営を任された人たち（エージェント）が企業に資金を提供した人たち（プリンシパル）に対して，定期的に経営について報告し，説明を行うこともまた社会的に大切になっていったのです。

　企業はもともとお金儲けのために作られたものですから，企業経営についての説明は，どれだけ儲かったのか，現在の財産状態は健全なのかといったお金の計算にまつわる点が重要になります。そして，どのような説明が効果的なのか，どのように儲けを計算してプリンシパルに伝えるのがよいのかといったことが考えられるようになっていきました。そして，それがそのうちに会計学という学問として認められるようになっていったのです。

5　企業の健康診断書と通信簿

　さて，ここではもう少し具体的に，企業の経営を任された人たち（エージェント）が企業に資金を提供した人たち（プリンシパル）に対して，どのような説明をしているのかについてみていきましょう。ごく大ざっぱに描かれていますが，**図表 1-1** に示されている2枚の表は，**貸借対照表（B/S）**および**損益計算書（P/L）**とよばれるものです。

　これらの表は，**複式簿記**という技術によって作られており，企業を経営

図表 1-1　貸借対照表と損益計算書のイメージ

貸借対照表

資産		負債	
現金	200円	未払金	800円
機械	900円	社債	1,000円
車両	800円	借入金	900円
有価証券	200円		
貸付金	400円	合計	2,700円
土地	1,200円		
		純資産	
合計	3,700円	資本金	1,000円
		合計	1,000円

損益計算書

費用		収益	
売上原価	900円	売上	1,200円
広告費	300円	配当金	200円
管理費	300円	その他	500円
税金	100円		
		合計	1,900円
合計	1,600円		
利益			
	300円		

する人たちによって長年利用されてきました。その発展の歴史は数百年にも及びます。複式というのは，ひとめ見ればわかるように，どちらの表も真ん中から左右に分かれているという特徴を指す言葉です（→第2章）。

　これら貸借対照表と損益計算書は，企業の経営をする人たちが自分たちの企業を管理するためだけでなく，企業に資金を提供した人たちに対して，経営について事後的な説明をする際に活用されてきました。その役割は，たとえるなら健康診断書と通信簿ということになります。つまり，私たちが大学受験や就職試験の際に求められる情報とあまり変わらないというわけです。

　企業の健康診断書ともいわれる貸借対照表には，その企業がどのような資産をどのくらいもっているのか，負債として借金などをどのくらい背負っているのかが示されています。そして，それらの差額として，株主などといった企業の所有者の持ち分が純資産（資本）として示されます。つまり，貸借対照表は，企業の財政状態を表わしているのです。また，それゆえに企業の健康診断書とよばれているわけです。

　さらに，貸借対照表には企業をめぐるエージェンシー関係が集約されているともいえます。なぜなら，負債や純資産は，企業に託された資金を意

味しているからです。つまり，企業をめぐるエージェンシー関係において，銀行などといった債権者や株主などといった所有者がプリンシパルであることがわかります。一方で，資産の欄には，託された資金がどのように使われているかが示されているといえるでしょう。このため，エージェントがプリンシパルに説明する道具として，貸借対照表はとても有用なものとなっているのです。

　一方，企業の通信簿ともいわれる損益計算書には，1年間あるいは3ヵ月などといった，ある特定の期間に企業がどのくらいの収益を獲得し，またそのためにどのくらいの費用がかかったのかが示されています。そして，それらの差額として，結局のところどのくらいの利益を上げたのかが示されます。つまり，損益計算書は，企業による経営活動の成果を表わしているのです。また，それゆえに企業の通信簿とよばれているわけです。

　もちろん，会計報告に用いる資料は貸借対照表と損益計算書だけではありません。この他にも，資金の流れを示すキャッシュ・フロー計算書やさらに詳細な情報を伝えるためのたくさんの図表，また文章による記述なども含まれています。ただ，そのなかでも，複式簿記を利用して作成される貸借対照表と損益計算書が中心的存在として長らく活躍してきたのです。

6　会計と監査はワンセット

　ここまでの説明から，会計報告が情報の非対称性を緩和させることでモラル・ハザード発生の防止に役立っていること，またそのなかで，複式簿記によって作成された貸借対照表や損益計算書といった財務諸表が社会的に重要な役割を果たすようになってきたことが理解できたと思います。先ほどいったように，一般的にエージェントとプリンシパルの間の情報格差を縮小させることで，エージェントはプリンシパルの期待に背く利己的な行動（モラル・ハザード）を起こしにくくなります。

　しかし，ここに1つ大きな問題点が残っていることに気づいた人もいるでしょう。それは，プリンシパルである銀行や株主たちが，会計報告を素

直に信じないという点です。つまり，エージェ
ントを信用できないからこそ，会計報告をさ
せようということになったわけですが，かと
いって，そもそも信用できないエージェント
が会計報告を行うわけですから，プリンシパ
ルが素直にそれを信用するはずがないのです。

　このことを，先ほどの母親とお使いを頼ま
れた子供のエージェンシー関係を例にして説明しましょう。たとえば，母
親（プリンシパル）が子供（エージェント）に500円（財産）を渡して，豆
腐を買ってくるように頼んだとします。そして，子供が家に帰ってきて，
豆腐とお釣り300円，そしてらくがき帳を1枚ちぎって子供自身が上図の
ような「ぼくは200円のお豆腐を買いました。だから，お釣りは300円で
す。」という手書きの報告書を母親に渡したとしたらどうでしょうか？

　母親によっては「本当かしら？　お釣りをごまかしていないかしら？」
などと疑いをもってしまうのではないでしょうか。実際，そのような手書
きの報告書でよいのなら，子供にはお釣りをごまかす余地がいくらでもあ
りそうです。そこで，おそらく母親は「レシートをちょうだい」というで
しょう。つまり，利害関係のない第三者の証明書のようなものを求めるの
ではないでしょうか。

　このことは，企業の会計報告にもあてはまります。つまり，会社に資金
を提供している人たち（銀行や株主）は，企業の経営者が自分自身で書い
た会計報告を手放しで信用するわけにはいかないのです。そこで，利害関
係のない第三者に，この会計報告が信用できるのかどうかについてチェッ
クを依頼することが必要になってきます。このようなチェックを**監査**とよ
びます。

　とくに会計についての監査は会計監査とよばれ，複式簿記によって作ら
れた複雑な会計データをチェックするという専門性が必要とされたり，企
業を取り巻く利害関係が大きい場合にはその社会的責任も大きかったりし
ます。そのため，監査のプロフェッショナルが生まれることとなりました。

日本では，そういったプロフェッショナルを**公認会計士**とよんでいます。

　ここでいくつか注意しておきたい点があります。1点目は，会計と会計監査がワンセットであるという点です。先ほどいったように，そもそもエージェントを信用できないがゆえに情報を提供させているわけですから，その信用のできないエージェントが作った情報には何らかのチェックをかけることが不可欠なのです。よって，監査されていない会計報告は原理的には存在しません。

　2点目は，完全なチェックは難しいという点です。とくに大きな企業になればなるほど，チェックすべき会計データが膨大になりますので，いくら監査のプロフェッショナルといえども絶対的には会計報告の信頼性を保証できるわけではないのです。会計と監査はワンセットとして機能するけれども，それで完璧というわけでもないのです。

　3点目は，監査はエージェント（経営者）にも便益をもたらしているという点です。なぜなら，エージェントが正直に情報をそのまま伝えようとしても，情報の非対称性があるためにプリンシパルに信用してもらうのが難しいからです。とくに，経営者が新たな資金提供者を募集するときには，自ら監査を受けて誠実さをアピールすることができます。

　最後の4点目は，公認会計士という存在自体もまた株主などといったプリンシパルのエージェントであるという点です。つまり，プロフェッショナルといえども公認会計士がモラル・ハザードを犯す可能性を否定できないのです。実際，公認会計士と企業の経営者が結託して，株主や債権者などといった利害関係者をだますといった事件がときどき起こっています。

7　会計の分類

　3でお話したように，会計という説明行為は，とくに金銭が関係するエージェンシー関係において発生します。そして，そういったエージェンシー関係は，もちろん社会にたくさん存在します。よって，社会のさまざまなところで会計行為が行われています。ここでは，会計を少し分類してみま

しょう。

　まず，一般的に会計は，利益計算が重要になる営利組織の会計と，利益計算よりも金銭が適切に使われているかどうかが重要になる非営利組織の会計に分類することができるでしょう。営利組織の会計は，基本的には企業が行うものですから，一般に**企業会計**とよばれます。先ほどもいったように，会計学はこの企業会計を中心に発展してきました。

　非営利組織の会計には，国あるいは都道府県や市町村といった地方自治体が行う**公会計**（政府会計），学校法人や宗教法人，NPO 法人などが行う**非営利法人会計**，その他に各種サークル・クラブ活動や自治会活動あるいは家庭で行われる個人的な会計があります。公会計の背景にプリンシパルである納税者とエージェントである政府とのエージェンシー関係があるように，それぞれの会計の背景には必ずエージェンシー関係があることに注意しましょう。

　企業会計は，一般的には**財務会計**と**管理会計**にさらに分類されます。財務会計は，株主や債権者といった企業外部のプリンシパルに対して，エージェントである経営者が行う会計報告のことを指します。このため，財務会計は外部報告会計ともいわれます。また，株主や債権者は 1 つの会社だけに投資を行っていることは少ないため，一般的に他の企業と比較可能な形で会計報告することが求められます。さらに，企業を取り巻く利害関係が大きいような企業に対しては，どのように会計報告するべきかが法律によって規制されています。

　一方，管理会計では，経営陣である社長や部長などといったプリンシパルに対して，エージェントであるたとえば製造部門や販売部門といった下部組織が行う企業内部での会計報告のことを指します。経営陣はこの会計報告をもとに経営管理や戦略的な意思決定をするため，財務会計とは対照的に，それぞれの企業でいろいろ異なる工夫が行われたりしています。

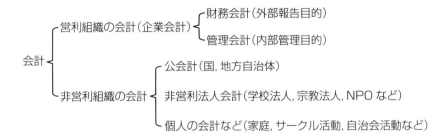

図表 1-2　会計の分類

8　まとめ－会計の社会的な役割－

　ここまでの説明で，会計あるいは会計学がどのようなものなのかだいたいイメージできたでしょうか。簡単にまとめると，会計とはエージェントがプリンシパルに対して説明・報告することだといえるでしょう。それによって，エージェンシー関係における情報の非対称性を低減させ，モラル・ハザードを防止することが期待されているのです。

　そして，会計学はこのような説明行為をめぐるさまざまな問題を考える学問ということができるでしょう。また，とくに社会において企業の存在が重要になって以来，企業会計を中心として学問的に展開してきたというわけです。最近では，公会計の重要性が議論されたり，環境問題への意識の高まりから**環境会計**といった分野が新たに形成されたりするなど，学問としての幅も広がりをみせてきているようです。

　最後に，会計の社会的な役割についてお話しておきましょう。ここまでの説明では，会計はエージェンシー関係にある当事者間でだけ行われる内向きの情報提供にすぎませんでした。しかし，現代社会においては，社会の円滑な運営のために，こうした会計情報が広く用いられるようになってきています。たとえば，企業が納めるべき税金の計算，各種公共料金に対する規制などといった社会の円滑な運営を支える仕組みに会計情報が組み込まれ利用されています。

　さらに，企業を取り巻く利害関係が複雑で大きいような場合には，その会計情報は社会にとっても重要であるため，現在ではエージェンシー関係の内部にとどまらず社会に広く公平に開示することが法律によって求められています。このような制度を**開示制度**（ディスクロージャー制度）とよびます。

　開示され一般に入手可能となった会計情報は，株式市場などといった金融市場で取引をする投資家たちの意思決定にとって有用なだけでなく，その企業と取引したり契約したりする際にも有効に活用できます。もちろん，このような開示は，新しい資金提供者を求める企業側にとっても利益をもたらすものといえるでしょう。実際，歴史的にいうと，こういった会計情報の開示は，企業の側から自発的に行われ始めたという経緯があります。

　このような開示制度は，市場の適切な運営を可能にし，資本主義社会における資源配分をより効率的にします。つまり，社会のお金の流れをよりスムーズに，また適切に使われるようにするという役割を，会計情報が担っているというわけです。こうした現代社会における会計情報の利用を受けて，最近の会計学では，会計情報を企業にどのように作成させれば市場をよりよく運営できるのか，またどのように会計情報を使えばより適切な意思決定ができるのかといったテーマについて研究することが多くなってきています。

❓ *Exercise* ●

❶　身近な生活あるいは社会の中からエージェンシー関係をいくつか発見し，1）プリンシパルとエージェントが誰なのか，2）どのようなモラル・ハザードが予想されるか，3）モラル・ハザードを予防するためにどのような対処が行われているか分析してみましょう。

❷　自分の好きな会社（できれば大企業）を1つ選んで，そのホームページを開き，その会社の貸借対照表や損益計算書といった会計書類（決算書）をダウンロードしてみましょう。

❸　公会計（政府会計）を第三者としてチェックしているのはどのような組織でしょうか。また，新聞記事データを検索して，その組織についてどのようなニュースがこれまであったのか調べてみましょう。

📖 さらなる学習のために ──────────────

太田哲三『近代会計側面誌─会計学の六十年』中央経済社，1968年。
　　▷日本における会計学発展の様子を記したエッセイ集。
北島富雄『経理部長かく闘えり』中央経済社，1987年。
　　▷戦後日本経済を経理マンとして歩んだ著者によるエッセイ集。
友岡賛『会計の時代だ─会計と会計士との歴史』筑摩書房，2006年。
　　▷歴史的背景を理解しながら会計の枠組みを学べる新書版の入門テキスト。
マイク・ブルースター（友岡賛・山内あゆみ訳）『会計破綻─会計プロフェッションの背信』税務経理協会，2004年。
　　▷会計門外漢のジャーナリストが会計とは何かを探ったドキュメンタリー。
リトルトン（片野一郎訳）『会計発達史（増補版）』同文舘出版，1978年。
　　▷会計専門家の間では定番になっている歴史専門書。

イメージで学ぶ複式簿記

Key Words

複式簿記，借方，貸方，総勘定元帳，残高試算表，決算整理仕訳，精算表

1　複式とは「二面性をとらえること」

　さて，この章では複式簿記についてお話しましょう。第1章では，企業の健康診断書と通信簿にあたる，貸借対照表と損益計算書が**複式簿記**で作られていることをお話しました。ここでは，そういった財務諸表がどのようなプロセスで作成されるのかを図解していくことにしましょう。

　まず，複式簿記のプロセスを理解するうえで大切な点は，貸借対照表と損益計算書が，複式簿記によって作成されるワンセットの数値表であるという点です。つまり，貸借対照表と損益計算書は，異なる材料と異なるプロセスから生み出される互いに無関係な数値表というのではなく，同じ材料と同じプロセスから同時に生み出される一対の数値表なのです。

　こうしたワンセットの関係は，もちろん健康診断書と通信簿との関係とは異なります。なぜなら，健康診断書が各種検査を通して医者によって作成される一方，通信簿が学業テストなどを通して教員によって作成されるからです。その点，貸借対照表と損益計算書は，豆腐と雪花菜（おから）の関係に似ているといえるでしょう。

　次に大切な点は，貸借対照表と損益計算書が，3ヵ月や1年ごとといった一定期間ごとに作成されるという点です。その間，企業は貸借対照表や

損益計算書の材料となるデータを集めては整理をしています。そして，期間終了後に，そのたまったデータを改めて整理し加工することで，貸借対照表と損益計算書を作成しているのです。この点は，健康診断書が１年おきに，通信簿が学期ごとに作成されるのに似ています。

　そして，健康診断書がその診断日における健康状態を示すように，貸借対照表は期末における企業の財政状態を表わします。一方，通信簿がその学期における成績を示すように，損益計算書はある特定期間における企業活動の成果を表わします。つまり，健康診断書と貸借対照表がある特定の期間が経過した後の「一時点」における状態を表わすのに対して，通信簿と損益計算書はある「一期間」に得られた成果を表わしているという違いがあります。こうしたことから，貸借対照表と損益計算書は，それぞれ**ストック**と**フロー**についての情報ともよばれます。

　３番目に大切な点は，貸借対照表と損益計算書の材料となるデータの取り方がまさに複式であるという点です。第１章で紹介したように，貸借対照表と損益計算書は，どちらも真ん中から左右に分かれています。このこ

図表2-1　取引のとらえ方によるデータ化の違い

◆取引の二面性をとらえてデータ化

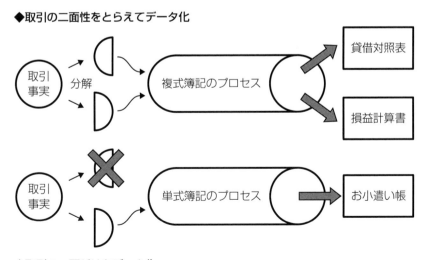

◆取引の一面だけをデータ化

とを複式といいました。実は，この複式という言葉は，単純に数値表の形式が左右に分かれていることを指すのではなく，1つの事実や行為を複眼的にとらえることを意味する重要な言葉です。

　たとえば，複式簿記では「モノを買う」という行為は，「企業にモノが入ってくる」という面と「企業からお金が出ていく」という面の二面性によってとらえられ，データ化されます。反対に「モノを売る」という行為は，「企業からモノが出ていく」，「企業にお金が入ってくる」という二面性をもってデータ化されます。

　ちなみに，**単式簿記**は，これら二面性のうちある一面だけをデータ化していくより単純な方法です。たとえば，お小遣い帳や家計簿では，お金の出入りだけが記録されていきます。また，実は政府会計も基本的に単式簿記によって行われています。最近では，政府会計に複式簿記を導入するべきかどうかといった議論も行われているようです。単式簿記では，貸借対照表と損益計算書を作成できない点に注意しておきましょう。

② 複式簿記のデータ処理プロセス一巡

　①の説明から，なんとなく複式簿記のイメージがわいたでしょうか。では，いよいよ複式簿記の具体的なプロセスをみていくことにしましょう。複式簿記を使って貸借対照表と損益計算書を作成するプロセスは，簡単にいってしまえば，データ収集をして，それらを整理し，さらに加工するというデータ処理プロセスになります。こうした一連の流れは**簿記一巡**とよばれています。簿記一巡は，**図表 2-2** のように基本的に 6 段階のプロセスに分けることができます。

（1） データ化すべき取引の選択

　第 1 段階では，企業が行うさまざまな活動あるいは企業に起きるさまざまな事象のなかから，データ化すべきものとそうでないものを分別する作業をします。データ化されるような活動や事象は，**簿記上の取引**とよばれ

図表 2-2　複式簿記のデータ処理プロセス一巡

```
 ┌─→ (1)選択：データ化すべき取引（簿記上の取引）を選択する。
 │       ↓
 │    (2)記録：簿記上の取引を会計期間中，データ化していく。
 │       ↓
 │    (3)整理：記録とともに，たまっていくデータを整理していく。
 │       ↓
 │    (4)検算：期末に，データを一覧表にして計算チェックする。
 │       ↓
 │    (5)加工：一覧表をさらに加工して，貸借対照表・損益計算書の
 │           原型を作る。
 │       ↓
 └── (6)作表：貸借対照表・損益計算書を各書式に従って作成する。
```

ます。簿記上の取引には，企業の財政状態の変化や活動成果に関わるものだけが含まれます。

　たとえば，モノを売る，モノを買う，お金を借りる，お金を返すなどといった基本的な活動は，企業の財政状態や活動成果を把握するために必要なものですから，簿記上の取引に含まれてデータ化されます。またたとえば，火災が起きて工場を失うといった事象も，企業の財政状態にかかわることですからデータ化されます。さらに，機械装置や建物，自動車などの価値が利用とともに減っていくといった目に見えない事象や，保有している株や売れ残りの在庫商品の市場値動きなども簿記上の取引に含まれることがあります。

　逆に，日常的にいわゆる取引とよばれるものであっても，簿記上の取引に含まれないものがあります。たとえば，商品を注文したり，誰かと雇用契約を結んだりしただけでは，簿記上の取引には含まれず，したがってデータ化もされません。なぜなら，それだけではまだ企業の財政状態に変化が起きていないからです。これらについては，その後，実際に商品を受け取った，あるいは商品代金や賃金を支払ったときにデータ化されることになり

ます。また，消しゴムの摩耗や鉛筆が折れたなどといった事象は，企業の財政状態が変化したことには違いありませんが，重要性が乏しいのでデータ化されません。

　こうした簿記上の取引の範囲，つまり何をデータ化して何をデータ化しないのかについての境界線は，時代や経済状況によって変化することがあります。なぜなら，財政状態や活動成果といったものがいったい何なのかという，簿記上の取引の範囲を決定するもとになる考え方が時代や経済状況などによって変化するからです。ここでは，簿記上の取引の範囲がそれほど杓子定規（しゃくしじょうぎ）に決まっているわけではないことを理解しておけば十分でしょう。

(2)　簿記上の取引のデータ化

　第2段階では，第1段階で選択された簿記上の取引をデータ化する作業をします。このような作業は，**仕訳**（しわけ）とよばれます。また仕訳が書き込まれるノートは**仕訳帳**とよばれています。1でお話したように，複式簿記では，取引がもっている二面性に着目してデータ化，つまり仕訳が行われます（仕訳に対しては，他にも「仕訳をする」，「仕訳を切る」，「仕訳を起こす」といった表現が用いられることがあります）。

　では，実際に複式簿記の仕訳をみてみることにしましょう。仕訳によるデータの取り方は，貸借対照表や損益計算書が左右で分かれていたように，やはり真ん中から左右に分かれる複式のスタイルをとります。イメージ的には，ボックスを2つ左右に並べる感じです。このようにして，取引の二面性を表現するのです。現在ではとくに大きな意味は残っていませんが，福澤諭吉の翻訳に従って，向かって左側が**借方**，右側が**貸方**とよばれています。

（借方）現金（資産）　　　　500円	（貸方）借入金（負債）　　　　500円

　それぞれ左右のボックスに入るのは，貸借対照表と損益計算書を最終的に構成する要素です。つまり，第1章で紹介した，資産，負債，純資産，

収益，費用という5つのうちのどれかということになります。大切なのは，これら5つの構成要素にはそれぞれホームポジションがあるという点です。それらホームポジションは，最終的に貸借対照表と損益計算書の借方・貸方どちらの側に表示されることになっているかで決まります。下図からわかるように，資産，費用のホームポジションは左側つまり借方であり，一方，負債，純資産，収益のホームポジションは右側つまり貸方です。

図表2-3　貸借対照表と損益計算書

　仕訳において，ある構成要素が自分のホームポジション側のボックスに入れられるとき，それはその構成要素の増加を意味します。そして，ホームポジションと反対側のボックスに入れられるときには，その減少を意味します。つまり，資産，費用が借方に書き込まれるときには，その増加を意味し，貸方に書き込まれるときには，その減少を意味します。

　たとえば，下記のように借方にも貸方にも資産が書き込まれているとき，借方のボックスは資産の増加を，貸方のボックスは資産の減少を意味します。よって，この仕訳は「この取引によって資産が増加し，同時に資産が減少した」ことを意味しています。この仕訳がどのような取引を意味しているかわかるでしょうか。具体的には，「モノが入って，お金が出ていく」という購入取引や，逆に「お金が入って，モノが出ていく」という購入したものを返すという返品取引などを意味します。

(借方) 資産	×××円	(貸方) 資産	×××円

　他にもたとえば，下記のように借方に資産，貸方に負債がくる仕訳は，それぞれがホームポジションに書き込まれていますので，資産の増加と負

債の増加を同時に意味します。このような仕訳は，銀行から借金をして負債が増えたが，借りたお金が金庫に入ったので資産も増えたような場合に行われます。

(借方) 資産　　　　　×××円	(貸方) 負債　　　　　×××円

　このように仕訳は，借方と貸方で5つの構成要素をうまく組み合わせることにより，すべての簿記上の取引を表現することができるのです。下図は，5つの構成要素が借方・貸方に入れられたときの意味（増加，減少）と，その組み合わせを線で結んだものです。

図表 2-4　仕訳の構成要素の組み合わせ

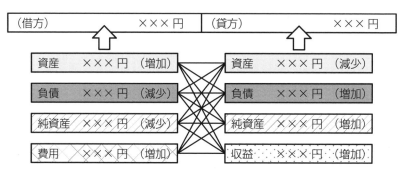

　実際の仕訳では，もっと具体的に「現預金」や「車両」,「支払手数料」,「売上」,「売掛金」などといった名称を付けた右上図のような仕訳が行われます。これら仕訳に用いられる名称は，**勘定科目**とよばれています。もちろん，各勘定科目は，5つの構成要素のどれかに属しています。また，金額やその日付，取引相手などといった情報が記されます。金額については，必ず借方・貸方それぞれのボックスに記される金額が一致しています。なぜなら，複式簿記によって二側面が表現されたとしても，事実は1つだからです。

　また，複雑な取引の仕訳では，借方にボックスが2個，貸方にボックスが1個といったように，複数個のボックスが組み合わされることもあります。次の図は，商品1,000円を販売し，商品券500円分と現金500円を受

け取った際の仕訳です。借方ボックスの合計金額と貸方ボックスの金額が
一致していることに注意しましょう。

(借方) 現金(資産)	500円	(貸方) 売上(収益)	1,000円
(借方) 商品券(負債)	500円		

　実際の企業においてボックスを書くことはなく，しかも現在ではコン
ピュータ入力になってきていますが，こうしたボックスを常にイメージし
ておくのが複式簿記をうまく理解するコツといえます。よって，本書では，
このまま引き続き，ボックスのイメージを使って簿記一巡の残りのプロセ
スを説明していきましょう。

(3)　仕訳データの整理

　第3段階では，第2段階の仕訳によってデータ化された簿記上の取引記
録を整理していきます。仕訳データは，企業の活動に応じて毎日のように
どんどんたまっていきます。ある程度大きな企業なら，1年間に何万，何
十万ものたくさんの仕訳データが作り出されるそうです。それらを年度末
まで放置しておくと，単なるデータの山になってしまい，年度の途中で企
業が自分自身の財政状態を管理したりすることができなくなります。よっ
て，定期的に，あるいは仕訳を行うのと同時に，仕訳データを整理してい
く必要があります。その整理をするノートは，**総勘定元帳**とよばれていま
す。

　では，仕訳データが仕訳帳から総勘定元帳へどのように整理されるのか，
ボックスを使ったイメージで図解してみましょう。**図表 2-5** は，整理され
る前の仕訳帳のイメージです。仕訳データが，ある会計期間の最初の時点
における財政状態を示す期首貸借対照表（つまり，前期の期末貸借対照表）
の下から，どんどん入ってきてたまっていく様子がわかるでしょうか。

図表 2-5 仕訳帳にデータがたまっていくと…

(借方)		(貸方)	
期首資産		期首負債	
		期首純資産	
現金	100円	売上	100円
給料	200円	現金	200円
現金	400円	資本	400円
仕入	300円	買掛金	300円
売掛金	400円	売上	400円
買掛金	200円	売掛金	200円

期首貸借対照表

期中取引の仕訳データ

　仕訳帳には，基本的には時系列に仕訳データがたまっていくので，後から見直してみて，何月何日にどのような取引があったのかをチェックすることはできるでしょう。しかし，このままではデータを企業の経営管理に活用できません。よって，データの整理をしていかなければなりません。

　そこで整理のために，仕訳帳に書き込まれているデータを動かし，同じ種類，つまり同じ勘定科目のついたデータどうしを集めていきます。イメージ的には，仕訳帳とは別の場所に，同じ種類のボックスを集めるスペースを用意します。そして，仕訳帳にたまっているボックスをばらして，勘定科目ごとに集めていくのです。このスペース全体が総勘定元帳であり，それぞれのボックスが集められる各スペースを**勘定口座**といいます。

　このように，仕訳帳から仕訳データを総勘定元帳へ移すことを，**転記**といいます。転記がすべて行われると，仕訳帳は空っぽになります。転記は，このようにボックスを移動させるだけですから，とても簡単です。ただし，2点だけ，注意しておかなければならないルールがあります。

　まず1点目は，転記の際にボックスを左右入れ替えてはいけないという点です。つまり，もともと仕訳帳の借方（貸方）に入っていた仕訳ボックスを転記の際に総勘定元帳の貸方（借方）に移してはダメということです。なぜなら，そんなことをしてしまうと，仕訳ボックスがもっていたもともとの意味が変わってしまうからです。

　転記ルールの2点目は，総勘定元帳へ転記されるとボックスの名称が変更されるということです。どのように変更されるのかというと，仕訳のときにペアになっていた相手ボックスの勘定科目をつけるのです。理由は簡単です。総勘定元帳では，同じ種類のボックスをそれぞれ集めるわけですから，もうボックスに名前をつけておく必要がないのです。その代わりに，仕訳が行われた際の相手ボックスの名前をつけておけば，1つのボックスだけで取引の二面性をキープできるというわけです。

図表 2-6 現金データを総勘定元帳に転記していくと…

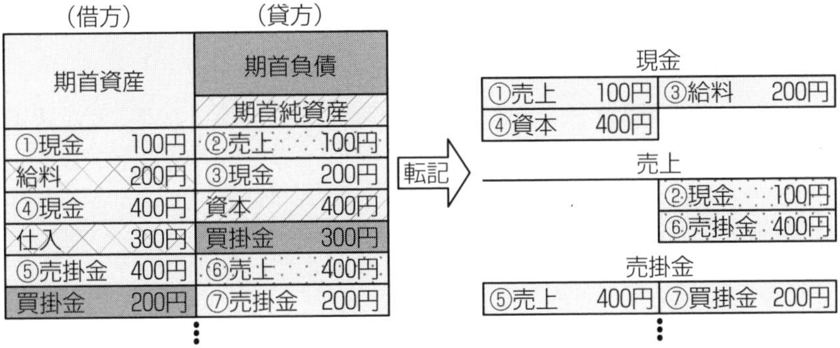

　このような転記によって，総勘定元帳では，仕訳それぞれのもっている取引の二面性を損なうことなく，データの整理が行われているのです。よって，総勘定元帳のそれぞれの勘定口座をみれば，どのような理由でその勘定が増減していて，その勘定に差し引きで現在までにどれだけの増減があったのかがすぐにわかります。各勘定口座の借方貸方合計が基本的には一致しない点に注意しておきましょう。このように整理された情報は，経営管理になくてはならないものです。

（4）　整理したデータを一覧表に

　第4段階では，第3段階で整理された仕訳データを改めて一覧表にします。このような一覧表は，**試算表**とよばれています。第1段階から第3段階は日常的に行われるものですが，この第4段階は3ヵ月や1年といった

会計期間が終了してから行われます。なぜきちんと整理したものを改めて一覧表にするのでしょうか。それには2つの理由があります。

最初の理由は、計算チェックです。先ほど説明したように、総勘定元帳のそれぞれの各勘定口座における借方合計金額、貸方合計金額は、基本的には一致しません。むしろ、一致しないことに意義がありました。しかし、各勘定口座を一覧表にして、そのすべての借方合計金額、貸方合計金額を計算してみると必ず一致するはずです。

なぜなら、もともとの1つ1つの仕訳データの借方と貸方の金額が一致していたからです。よって、原理的に、たとえ仕訳帳でペアになっていたボックスがばらされて総勘定元帳へ転記されたとしても、仕訳データ全体としては必ず借方の合計金額と貸方の合計金額が一致するはずなのです。これを**貸借平均の原理**といいます。この第4段階では、このことを実際に計算してミスがなかったかをチェックしておこうというわけです。

2つ目の理由は、第5段階においてデータを加工するためには、データが一覧表としてまとまっているほうがやりやすいことです。また、そのために各勘定口座の借方合計と貸方合計を差し引きした残高を計算して一覧表にすることもあります。このようにして作成される一覧表を、**残高試算表**といいます。一方で、差し引きしないまま一覧表になっているものを、**合計試算表**といいます。貸借平均の原理により、残高試算表の借方合計と貸方合計も一致しますが、その合計金額は、もちろん合計試算表の合計金額とは異なっています。また、**合計残高試算表**という2つの表をひとまとめにしたものもあります。

(5) 一覧表の加工

第5段階では、第4段階でチェックされ準備された仕訳データの一覧表を加工して、貸借対照表と損益計算書を作成します。この総まとめの作業は、**決算**とよばれ、試算表を含む**精算表**とよばれるワークシート上で展開されます。決算には2段階のプロセスがあります。

まず、会計期間中に集められた仕訳データに対して、いくつかの仕訳を

加えます。このような仕訳を，**決算整理仕訳**といいます。ちなみに，会計期間中に行われる仕訳は，**期中仕訳**とよばれています。この決算整理仕訳は，貸借対照表と損益計算書が期末時点の財政状態と会計期間中の活動成果をきちんと表わすようにするために必要な仕訳です。決算整理仕訳は，もちろん仕訳帳に記入され総勘定元帳に転記されますが，同時に精算表にも記入されます。

　次に，期中仕訳に決算整理仕訳を含めた仕訳データ全体を二分割します。ここで二分割された数値表が，それぞれ貸借対照表と損益計算書の原型となります。①で，これらを「同じ材料と同じプロセスから同時に生み出される一対の数値表」と説明していたのはこのためです。

　具体的には，仕訳データ全体から収益，費用のデータを抜き出した数値表が損益計算書となり，他方，資産と負債，純資産のデータを抜き出した数値表が貸借対照表となります。利益は，収益と費用との差額，あるいは負債，（期首の）純資産の合計と資産との差額として計算されます。

図表2-7　すべての仕訳データを整理してから分割すると，
貸借対照表と損益計算書ができあがる

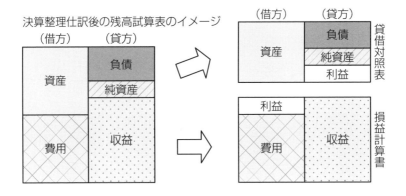

（6）　各書式に従って財務諸表を作成する

　最後の第6段階では，貸借対照表と損益計算書の原型を各種の書式に従って正式に文書化します。税務署や金融庁など届出先によって書式が

違ったり，株主や一般顧客向けに簡略版を配付したり，あるいは英語に翻訳して外国へ提出したり，1つの原型から何種類もの貸借対照表と損益計算書が作成されることに注意しましょう。

③ ま と め

　ここまでの説明で，複式簿記を使って貸借対照表と損益計算書を作成するプロセスがだいたいイメージできたでしょうか。簡単にいってしまえば，この複式簿記のプロセスは，情報処理プロセスに他なりません。よって，現在では多くの企業において，まさに情報処理のための機械であるコンピュータによって自動化されています。

　さらに最近では，会計のためのコンピュータ言語である**XBRL**（eXtensible Business Reporting Language）が開発され普及したことで，ますます会計情報を便利に作成し利用することができるようになりました。Accounting（会計）と Computer（コンピュータ），どちらもラテン語の Computare（数える）が語源であるのは興味深いことです。

　複式簿記において，何よりも特徴的なのはまさに複式である点です。このシステムは，すでに15世紀後半にイタリアのルカ・パチョーリによって「ベニスの方法」という数学として紹介されていました。その後，世界に広がり発展していくなかで，1つの事実の二面性をとらえ美しく記録するという点が，多くの人々を魅了してきたようです。

　イギリスの作家ダニエル・デフォーは，1719年に出版された『ロビンソン・クルーソー』のなかで主人公に複式簿記にのっとり無人島に流された自分の境遇を分析させています。また，ドイツの文豪ゲーテは，1796年に出版された『ヴィルヘルム・マイスターの修業時代』において，「複式簿記が商人にあたえてくれる利益は計り知れないほどだ。人間の精神が産んだ最高の発明の1つだね」と主人公に語らせています。

　ちなみに，日本には，明治6年（1873年）に福澤諭吉の翻訳書『帳合之法』，アレキサンダー・アラン・シャンドの『銀行簿記精法』によって伝

えられ，それまでの**大福帳**システムに徐々にとって代わっていきました。

😃 *Exercise* •

❶　身の回りのありとあらゆる出来事について，複式簿記にならって二側面をとらえて仕訳を行ってみましょう。下記の例を参考に，ルールに縛られず，楽しくやってみてください。

・昼ご飯にラーメンを食べた。

（借方）ラーメン	400円	（貸方）小遣い	400円

・携帯電話で通話すると料金請求が後でくる。

（借方）携帯電話で通話	100円	（貸方）未払金	100円

・友達との約束を優先したら恋人にふられてしまった。

（借方）友情	？？？円	（貸方）恋愛	？？？円

❷　本文中，同じ材料と同じプロセスから作成される「貸借対照表と損益計算書は，豆腐と雪花菜（おから）の関係に似ている」と説明されていました。「おから」とは本来「搾り滓」という意味ですが，最近では栄養価の高い安価な食品として，あるいはバイオ燃料として注目されています。では，貸借対照表と損益計算書のどちらが豆腐でどちらが雪花菜なのでしょうか。自由に考えてみてください。

📖 さらなる学習のために

友岡賛『歴史にふれる会計学』有斐閣，1996年。
　　▷会計学のそもそも論を学べるテキスト。
ダニエル・デフォー（増田義郎訳）『完訳ロビンソン・クルーソー』中公文庫，2010年。
　　▷原作は当時のイギリス経済情勢を学ぶことのできる大人向けの小説。
ゲーテ（山崎章甫訳）『ヴィルヘルム・マイスターの修業時代（上，中，下）』岩波文庫，2000年。
　　▷文豪ゲーテが複式簿記を称賛しているとして引用される定番の小説。
ブライアント，ストラットン（福澤諭吉訳）『帳合之法』雄松堂書店，1979年。
　　▷日本に複式簿記を最初に伝えた翻訳書のうちの一冊。図書館でみつかります。
資格の大原公認会計士講座『簿記バイブル』大原出版，2016年。
　　▷国家試験対策用ですが，現代の代表的な簿記参考書のうちの一冊。

財務会計のキホンを学ぼう！

　　＜第 II 部　財務会計のキホンを学ぼう！＞では，主要な会計書類（決算書）である貸借対照表と損益計算書について学習します。企業のさまざまな活動に関する情報がこの 2 つの決算書に凝縮されています。

　　第 3 章では，企業が調達した資金をどのように運用しているのか，つまり投資のポジションを表わしている貸借対照表について学習します。とくに本業で用いられる事業用資産に注目することで，ビジネス・モデルの違いが貸借対照表にどのように反映されているのかを理解することができます。

　　第 4 章では，企業の経営成績を表わす損益計算書について学習します。損益計算書では努力である費用と，その成果である収益が表示され，収益と費用の差額としてさまざまな利益が計算されます。これらの利益の意味を学習することで，多様な企業活動から得られた経営成績を理解することができます。

　　第 5 章では，企業集団の会計書類である連結財務諸表について学習します。企業集団の判定基準や組織のタイプ，集団内での取引といった連結固有の取引を学習することで，企業集団全体の情報を理解することができます。

貸借対照表

第3章

Key **W**ords

投資のポジション，事業用資産，売上債権，棚卸資産，有形固定資産

① 貸借対照表とは

　企業の健康状態を表わす決算書が貸借対照表（balance sheet）というものです。前章で学習したとおり，貸借対照表はある一時点における投資のポジションを表わしています。つまり貸借対照表は，企業がどのようにして資金を調達し，その調達した資金をどのような形態で保有し，運用しているのかを表わしています。貸借対照表は，企業の投資のポジションを表わすために，資金調達の源泉として**負債**と**純資産**，調達された資金の運用形態を表わすものとして**資産**という3つのパーツから構成されています。すでに学習したとおり，貸借対照表は借方にある資産合計と貸方にある負債と純資産合計が一致するように作られています。つまり，以下の式が成立します。

$$資産 = 負債 + 純資産$$

　これを図にするとこうなります。

図表 3-1 貸借対照表の構成

常に借方の資産と貸方の負債・純資産合計が一致するため，**バランス・シート**ともよばれています。この章では，主としてビジネスの特徴が表われている資産に注目し，資産を構成する要素として本業のために投資されている資産である棚卸資産と有形固定資産について学習します。また，今日において重視されているのは，企業グループ全体で実行された投資の一時点におけるポジションと，その投資から得られた一期間の成果を反映する**連結財務諸表**であるため，この章でも，企業グループ全体の財政状態を表わす**連結貸借対照表**（国際財務報告基準では連結財政状態計算書）についてみていきます。

② ビジネス・サイクルと資産の種類

（1） 本業か財テクか

営利目的の企業（たとえば株式会社）は，経営者が自らの知識と経営技能を駆使し，出資者から資金を集め，その調達した資金を各種資産に投下

し，製品やサービスを提供し，投下した資金よりも多くの資金を回収し，その儲けた資金を出資者に分配することが目的です。この一連のビジネス・サイクルは，**図表 3-2** のように表わされます。またこの一連のプロセスを（正常）**営業循環過程**ともいいます。

　もし経営者が，株主や銀行から集めた資金をそっくりそのまま貯金していたら利息しか稼げません（そもそも経営者が貯金するとわかっていたら，株主や銀行は自分で貯金するはずなので，経営者には貯金するよりもたくさん資金を増やして欲しいと思っているはず）。経営者は集めた資金でさまざまな資産を購入し，従業員を雇ったり，製品を製造したり，または安く仕入れた商品を高く売ったりするような工夫を行い，集めた資金を増やそうと努力します。このように，調達した資金を本業で増やすために**投下**（invest）したものを**事業用資産**（operating asset）といいます。つまり，事業用資産とは本業を営む上で必要な，つまり営業循環過程の中で生じる資産を意味します。

図表 3-2　メーカーの営業循環過程

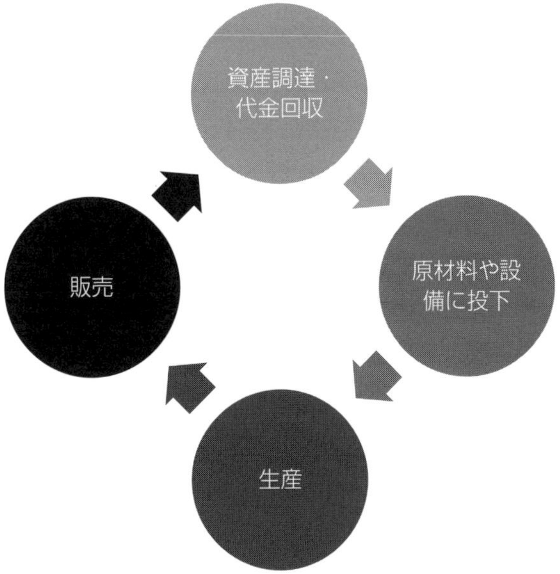

　たとえば，自動車を製造・販売するために株式会社を設立することを考えてみましょう。まずビジネスには資金が必要となるので，株式を発行したり，銀行から借金したりすることで資金を集めます。調達した資金で土地を購入してそこに工場を建設し，工場の中に機械装置を導入して製造ラインを完成させ，製品を販売するための店舗を作ります。経営者はそれら資産を活用することで自動車を製造・販売し，それぞれの資産に投下した資金よりも多くの資金を回収することで，企業を成長させようとします。この営業循環過程の中で投下された事業用資産は，自動車メーカーにとっての本業である自動車の製造・販売で用いるための資産です。

　このビジネス・サイクルの中で投下されずに，余剰資金となった場合，運用して増やすという選択肢もあります。このような資産を**金融資産**（financial asset）といいます。余剰資金とはいえ，株主や銀行から預かった資金であるため，その資金を増やそうと努力することに違いはありません。しかし調達した資金を全額本業に投下すると，柔軟に活用できる資金がなくなってしまい，不測の事態に対処することができなくなるため，経営者は資金の一部を金融資産として，株式で運用したり，他企業に資金を

図表 3-3　**組替貸借対照表**

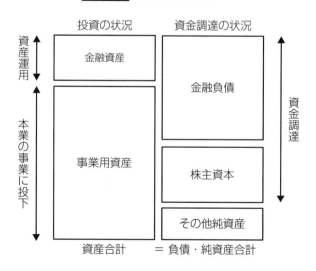

貸し付けたりすることで，運用益や利息を獲得しようとします。このように保有目的別に組み替えた貸借対照表は**図表 3-3** で表わされ，主に企業分析で利用されます。

（2）　短期か長期か

　次に，調達した資金が資産に投下され，現金として回収されるまでの期間に注目する分類方法を学習します。比較的短期間で現金として回収される，あるいは短期間で換金できる資産は**流動資産**（current asset）という区分に属します。代表的な流動資産として，現金預金や，売上に対する代金の未回収額を表わす売掛金や受取手形，在庫を意味する棚卸資産があります。いずれも，短期的に現金収入をもたらすことが期待されている資産です。つぎに，現金になるまで長期にわたる資産は**固定資産**（fixed asset）という区分に分けて表示されます。代表的な固定資産として，土地や建物，機械装置といった形のある資産（有形固定資産といいます）や，特許権やソフトウェア，企業のブランド価値を表わす「のれん」といった形のない資産（無形固定資産といいます）があります。

　資金調達の源泉を表わす負債についても同様の分類基準が適用されます。比較的短期間に返済期日が訪れる負債は**流動負債**（current debt），返済期日が 1 年以上先の負債は**固定負債**（fixed debt）という区分に分けて表示されます。流動負債には，仕入代金の未払分を表わす買掛金や支払手形，短期的に資金を借りている短期借入金が含まれ，固定負債には，長期間用いる資金を調達するための社債や長期借入金，従業員の退職金や年金の負担額を表わす退職給付に係る債務などが含まれます。つまり資産と同様に，負債も現金が減少するまでの期間の長さによって流動・固定の分類を行っています。このように決済期日までの期間の長さで資産を流動と固定に分類する方法は，その判断の基準が 1 年であることから**1 年基準**（one-year rule）とよばれています。

　ちなみに株主から資金を調達したことを意味する純資産は，資金を返済する必要がないため，このような短期・長期といった区分はありません。

図表 3-4 流動・固定分類の貸借対照表

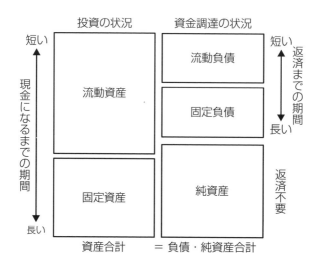

実は，現金になるまでの期間や返済までの期間によらず，常に流動資産や流動負債の区分に含められる資産や負債があります。これは通常の経営を行う上で必ず発生する資産や負債で，取引の決済手段である売掛金と受取手形は決済期日によらず常に流動資産，買掛金と支払手形も決済手段として常に流動負債に含められます。また，売上を獲得するために必要不可欠な在庫である棚卸資産も，販売が予定されている時期がどれだけ先であったとしても，常に流動資産に含められます。たとえば，ウイスキーやワインのように，仕込み始めてから製品が完成し，販売されるまでに10年以上かかることが予定されていても，この棚卸資産は流動資産となります。この基準を（正常）**営業循環基準**といいます。営業循環基準により，売掛金や受取手形，棚卸資産は流動資産，買掛金や支払手形は流動負債に分類され，それ以外の資産・負債については１年基準で流動・固定の分類を行います。

③　企業の特徴がつかめる事業用資産

　経営者は，自身がもっている特殊な経営スキルや知識を駆使し，事業用資産をうまく活用することで，資産に投下した資金よりも多くの資金を作り出そうとします。そのため，事業用資産はビジネス・モデルの影響を強く受けます。ここでは，特にビジネス・モデルの特徴を表わす事業用資産として，売上債権，棚卸資産，有形固定資産に注目してみます。

（1）　売上債権

　近年のビジネスでは，巨額の取引を行う場合，現金を手渡すことは少なく，信用決済という形で代金が後で支払われることが一般的です。家や自動車などはローンを組んで購入することが珍しくなく，商品の受取りと代金の支払いの時点がズレた取引が行われます。このとき，商品を販売した会社には，商品を購入した人から代金を回収する権利が発生します。これが**売上債権**といわれるものです。具体的には，**売掛金**と**受取手形**があります。この売上債権の金額をみることで，会社がどれだけの商品・製品やサービスの代金として未回収の金額を保有しているのかを知ることができます。
　扱う商品が高額となる企業は，ビジネスの性質上，貸借対照表に売上債権が多く計上されることになります。売上債権は売上代金の未回収部分であり，将来にその代金を回収する必要があります。しかし，販売した相手の財政状態によっては，売上代金の全額を回収することができない，という事態が発生することも考えられます。この売上債権のうち将来回収不可能になると予想される金額が**貸倒引当金**（かしだおれひきあてきん）です。売上債権の金額と貸倒引当金の額を比べることで，その企業が抱える売上債権の回収可能性を知ることができます。

---

(2)　在　　庫

　製品を自社で製造し販売する製造業や，完成品を仕入れて販売する小売業といった製品・商品を扱う企業は，製品の完成あるいは商品の仕入から，それらが販売されるまでの間，製品・商品を保管する必要がありますし，また売り逃しを回避するためにある程度の在庫を確保しておく必要があります。これらの在庫を会計では**棚卸資産**（たなおろししさん）とよびます。小売業にとって在庫は**商品**であり，製造業にとって在庫は完成品である**製品**以外にも，未完成の製品である**仕掛品**（しかかりひん）や製品を製造するための原材料も棚卸資産です。小売業や製造業にとって棚卸資産は必要不可欠で，多すぎても少なすぎてもだめという難しい在庫管理が要求されるため，経営者の手腕が問われる事業用資産の1つです。

　棚卸資産は，顧客に販売して売上を獲得するために**短期的に保有**されるもので，在庫の**数や量が把握でき**，顧客に販売されることによりその**数量が減少**し，その減少した数量を把握できることが特徴です。つまり土地を販売する不動産にとっては土地や建物は棚卸資産ですが，自動車を製造する企業やコンビニなどの小売店にとって土地は販売目的ではないため棚卸資産には含められません。

(3)　有形固定資産

　有形固定資産とは文字どおり，形のある，長期にわたって利用するための資産のことです。具体的には，土地や建物，機械装置といった長期的に本業で利用するために企業が保有している事業用資産です。広い土地と大きな工場で製品を製造するメーカーであれば，有形固定資産の額が相対的に大きくなる傾向にあります。また空港や鉄道，エネルギー業界といった大規模な設備を用いてサービスを提供する企業も有形固定資産の額が大きくなります。逆に，工場をもたないファブレス企業（詳しくは第9章を参照）や，インターネット産業の企業は，広い土地や工場を必要としないため，有形固定資産の額が比較的小さいという特徴があります。

4　ビジネス・モデルと貸借対照表

　貸借対照表を読み解くためには，ビジネス・モデルの違いが貸借対照表にどのように表われているのか，を事前に予想してから，貸借対照表を見る必要があります。ここでは，衣類や小物を取り扱うセレクトショップ「ユナイテッドアローズ」を運営する株式会社ユナイテッドアローズと，ウェブサイト上での電子商取引（以下，EC）により衣類などを販売する通販サイトを運営する株式会社 ZOZO の貸借対照表を比較してみよう。**図表 3-5** が，2019 年 3 月 31 日時点における 2 社の連結貸借対照表を簡略化したものです。どちらがユナイテッドアローズで，どちらが ZOZO でしょうか。

　2 社とも資産合計は約 700 億円と約 800 億円となっており，企業規模は似ています。また両者とも自社で衣類などの製品を製造しつつ，小売りも行っている点では同じ業種です。しかし，商品や製品を販売する方法が異なっています。ユナイテッドアローズは店舗を構えて商品や製品を販売する企業であり，株式会社 ZOZO は店舗を持たず主として EC サイトで他企業の商品を販売しています。また，ZOZO は 2016 年 11 月から「ツケ払

図表 3-5　貸借対照表の比較

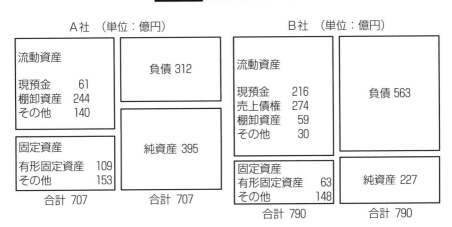

い」というサービスを開始し，顧客が衣類などを購入した際に，代金の支払を2ヵ月後まで遅らせることが可能となっています。では，売上債権，棚卸資産，そして有形固定資産に注目して2社を比較してみましょう。

（1）　売上債権に注目

　実店舗で商品を販売するユナイテッドアローズは，基本的に顧客と現金で取引しているため，売上債権はほとんどないでしょう。しかし，「ツケ払い」サービスを行っている ZOZO は，顧客が2ヵ月まで支払を遅らせることができるため，商品を販売した後に顧客から代金を回収する必要があります。これが売上債権として計上されているはずです。

（2）　棚卸資産に注目

　衣類・小物の製造と販売を行うという業種から，両者とも流動資産の中に在庫である棚卸資産が計上されているはずです。ただその金額は2社で大きく異なっています（A 社は244億円，B 社は59億円）。ユナイテッドアローズと ZOZO ではどちらが在庫をもつ必要があるでしょうか。実店舗で製品や商品を販売するユナイテッドアローズと他社の製品を EC サイトで販売する ZOZO のビジネス・モデルの違いから考えてみましょう。

（3）　有形固定資産に注目

　有形固定資産は，長期にわたって利用するために保有する形のある事業用資産です。土地や建物，工場といった有形固定資産を必要としているのはどちらの企業でしょうか。ユナイテッドアローズは百貨店や路面店といった実店舗を保有し，そこで自社の製品や商品の販売を行っています。つまり土地や建物，備品などが必要となります。しかし，ZOZO は EC サイトによる商品や製品の販売であるため，必要なものは本社と EC サイトを管理するコンピューターやサーバーだけで，店舗は必要ありません。

（4）　比較分析

　もうわかりましたね。A社が株式会社ユナイテッドアローズで，B社が株式会社ZOZOです。それでは2社の連結貸借対照表を比較してみましょう。ユナイテッドアローズの棚卸資産は244億円とZOZOの59億円と比べて多くの在庫を抱えていることがわかります。実店舗で商品を販売するユナイテッドアローズは売り逃しを防ぐためにある程度の在庫を保有しておく必要がありますが，ZOZOは自社ですべての在庫を持つわけではなく，基本的にはZOZOTOWNを利用する他企業が製品の在庫を保有するため，ZOZOの棚卸資産は比較的小さくなっています。

　またZOZOには274億円と資産合計の約35％を占めるほど巨額の売上債権が計上されています。これはZOZOで商品を購入する顧客が「ツケ払い」を利用しており，ZOZOが顧客に対して巨額の売上債権を保有していることがわかります。しかし不良債権化した売上債権はほとんどないため，貸倒引当金は連結貸借対照表に計上されていません。

　有形固定資産を比較すると，実店舗で商品を販売するために土地や建物，百貨店内のテナントが必要となるユナイテッドアローズは有形固定資産が109億円計上さています が，店舗を必要としないZOZOの有形固定資産は63億円となっています。これもECサイト企業の特徴です。

5　ま と め

　貸借対照表は，企業の1時点における資金調達の状況と，調達した資金の運用形態を表わす重要な決算書です。特に，貸借対照表の資産の部に計上されているさまざまな項目のうち，本業のために保有し，利用している資産である事業用資産に注目することで，企業のビジネス・モデルが企業の投資のポジションにどのような影響を与えているのかを分析することができます。まずは関心のある企業のビジネス・モデルを理解し，その企業の強みが貸借対照表のどの部分に表われているのかを予想し，それから貸

借対照表を眺めてみてください。

💡 *Exercise* ●

❶ 気になる会社の連結貸借対照表（あるいは連結財政状態計算書）を会社のウェブサイトから入手し，ビジネス・モデルとの関連を探ってみてください。

❷ 同じ事業を行っている企業を2社選んで，その2社の連結貸借対照表を比較することで，ビジネス・モデルの違いを見つけてください。

❸ Twitterで大手町のランダムウォーク（@OTE_WALK）さんをフォローし，定期的に発表されている「会計クイズ」に挑戦してみてください。

📖 さらなる学習のために ─────────────────────────

新日本有限責任監査法人『3つの視点で会社がわかる「有報」の読み方（最新版)』中央経済社，2017年。

今枝昌宏『ビジネスモデルの教科書：経営戦略を見る目と考える力を養う』東洋経済新報社，2014年。

大阪商工会議所編『ビジネス会計検定公式テキスト3級』中央経済社。

桜井久勝『財務会計講義』中央経済社（毎年3月頃に最新版がでます)。

第4章 損益計算書

Key Words

努力と成果，収益，費用，利益

1 企業の経営成績

　企業の成績をどうやって測るのか，という問題は会計の中心的なテーマの１つです。企業活動は大きく営業活動とそれに関連する財務活動に分類されます。営業活動とは，製造業であれば材料の調達，製品の製造，製品の販売と販売するための活動，販売代金の回収から構成されており，小売業であれば，商品の仕入，販売，代金回収から構成されています。たとえば自動車メーカーなら，自動車を製造するための材料を調達し，加工・製造し，完成した自動車を顧客に販売するための広告宣伝を行い，顧客に自動車を販売し，販売代金を顧客から回収する，といった活動が営業活動です。財務活動は，このような営業活動を行うために必要な資金を調達する活動や，余剰資金の運用活動のことです。自動車メーカーが自動車を製造するために必要な資金を投資家や銀行から提供してもらい，その代わりに配当や利息を支払う，あるいは余剰資金を他企業に貸し付けたり，株式に投資したりすることで作り出される利息収入や運用収入も財務活動となります。これらの企業活動の成績を測り，それを利害関係者に報告することが会計の目的の１つです。

　企業の経営成績は利益という１つの数値で測定されており，この利益の

計算過程を報告するのが**損益計算書**（income statement）です。損益計算書は，企業の一定期間における経営成績を表わすために，成果を表わす収益と努力を表わす費用を対照表示し，収益と費用の差額として利益を計算しています。成果の背後には必ず努力がある，つまり収益を獲得するためには必ず費用が存在している，と会計は考えています。したがって，損益計算書は，企業の努力である費用とその成果である収益を対照表示して，一定期間の経営成績として利益を利害関係者に情報提供することを目的として作成されているのです。そして，企業の経営成績をどのように測ればよいのか，という問題は時代とともに変化し，その変化に応じて，収益や費用，利益の考え方も変わってきています。

　昔，収益は「現金の増加」，費用は「現金の減少」と定義されていました。つまり現金収入が収益であり，現金支出が費用であり，その差額が利益になるため，利益もまた現金の増減で表わされていたのです。このような会計を「**現金主義会計**」（cash basis）とよびます。現金の収入・支出を収益・費用と考えることの利点は，差額である利益に必ず現金の裏づけがあり，その増減を検証することが容易であるというものです。非常に小さな組織（サークルやゼミなど）では，この現金主義会計に基づく利益の計算だけで十分に資金管理の役割を果たすことができます。しかし現金主義会計は，現金を回収するまで収益を計上することができず，現金を支払っていなければ費用とはならない，と考えているため，信用で取引を行う今日の企業活動を適切に把握できなくなる，という欠点があります。この欠点が，今日のような複雑な取引を行う経済において利益が経営成績を表わしていない，という重要な問題を引き起こします。

　現金主義会計による利益が経営成績を表わさなくなった主な原因は，代金が後払いとなる掛売上のような信用取引の増加，長期間にわたって利用する固定資産の増加，販売するために保有している棚卸資産の増加などにあります。たとえば，現金主義会計のもとでは，商品を販売し，代金を後払いしてもらう契約を結んでいても，まだ現金を受け取っていないなら収益にはなりません。しかし，企業が達成しなければならない取引の最も重

要な段階は，販売代金の回収ではなく，相手に商品を販売することである，と考えられるようになり，このような欠点を克服するために，「**発生主義会計**」（accrual basis）が作り出されました。発生主義会計では，収益と費用を現金収支ではなく，「発生の事実」に基づいて計上します。

② 利益の計算方法

　1年間の活動成果として，企業がどれだけの利益を作り出したのかを計算する方法として，フロー情報を用いた計算方法（これを損益法という）とストック情報を用いた計算方法（これを財産法という）の2つがあります。例として，皆さんが1年間で増加させた資金を計算する方法を考えてみましょう。第1の方法は，日々の収入と支出をすべて家計簿に記録していき，1年間の収入から1年間の支出を差し引くことで資金増加額を計算する，という方法です。この1年間の収入や支出は，**一期間**における自分の財布への資金流入と資金流出を表わしているため，「フロー」とよばれます。第2の方法は，1月1日の資金合計額と12月31日の資金合計額を比較する，という方法です。2つの時点（ここでは1月1日と12月31日）の資金合計を比較することで，1年間の資金増減額を計算することができます。この**一時点**における資金の状態を「ストック」といいます。

　企業会計も同様に，一定期間における「収益」と「費用」を記録していき，これらのフロー情報から利益を計算します。この損益法により計算される利益は，努力とその成果を表わす経営者の経営成績の指標となります。また収益や費用を記録するのではなく，一定時点における企業のストック情報である純資産の変化額から利益を計算する方法もあります。この財産法により計算される利益は，企業が一定期間で作り出した価値の増加分を表わしています。この指標もまた，経営者の経営成績の指標となります。

　現在，損益法で計算される利益も財産法で計算される利益には別々の名前がつけられていますが，ここでは損益法で計算される努力と成果を捉えた利益である「当期純利益」に注目します。

③ 利益と現金収支の違い

（1）　収益と費用

　損益計算書では，企業活動の成果が収益で表わされ，努力が費用で表わされ，その差額として利益が計算されています。**図表 4-1** のように，営業活動と財務活動から生み出された利益を計算するために，それぞれの活動別に企業の努力とその成果が損益計算書に記載されます。現金主義会計であれば，この努力は現金支出で表わされ，成果は現金収入で表わされるのですが，現行の発生主義会計では，必ずしも現金収支と収益・費用は一致しません。たとえば，40 年間本社ビルとして利用するために建物を 200 億円の現金で購入した場合，現金主義会計ではこの 200 億円が当期の費用となってしまいます。しかし実際には 40 年間にわたってこの建物が利用されており，この建物の利用の成果として収益が獲得できるのです。現金

図表 4-1　企業活動からみた収益・費用

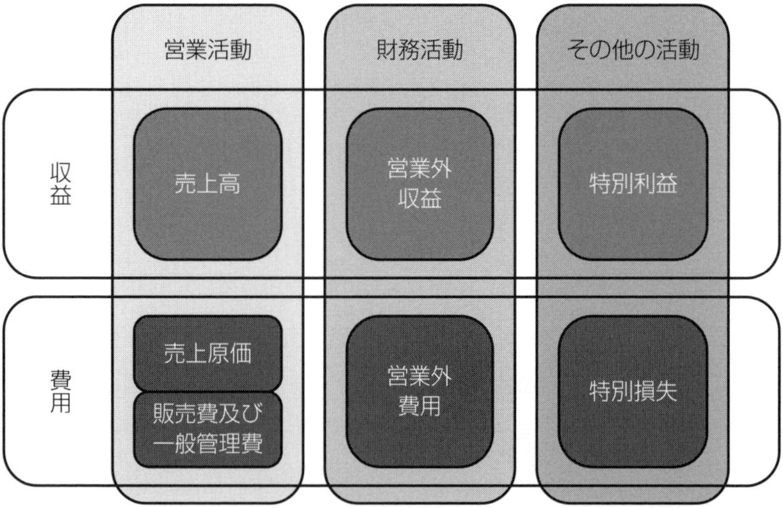

主義会計ではこの建物の利用とそこから得られる収益との関係をうまくとらえられません。

そこで発生主義会計では，獲得された収益とその収益を得るために必要であった費用との対応関係を考えます。たとえば，200 億円の建物を 40 年間利用する場合，40 年間にわたって 200 億円の価値が徐々に減少していくと考えます。しかし，どのように建物の価値が減少していくのかは誰にもわかりません。そのため，40 年間建物を利用することで毎期収益を獲得することができるという点に着目し，収益を獲得するために犠牲となった建物の価値減少分を費用（減価償却費）としてとらえ，費用と収益の対応関係から利益を計算します。このように収益と費用の対応関係を重視する基本原則を「費用収益対応の原則」といいます。

（2）　利益を考える

会計において，企業の経営成績を表わしているのが「利益」とよばれる数値です。この利益という数値は企業にとってもっとも重要な数字です。時代が変化するのに伴って，企業の経営成績のとらえ方も変化し，利益の考え方も変化してきました。利益という数値の意味を考えるために，次の簡単な例を考えてみましょう。

経営者が 1 人の株主から現金 100 の出資を受けて株式会社を設立するというケースを考えてみましょう。経営者が 20 年間企業を経営し，設立から 20 年目に企業を畳み，すべての資産を現金に換えたところ，現金 250 となりました。企業が設立されてから企業を畳むまでに増えた現金 150 は，紛れもなく経営者が作り出した価値の増加分です。この現金 250 を企業に資金を出資してくれた株主に分配します。株主は現金 100 を出資し，20 年後に現金 250 を受け取ることができました。ここで，企業が一生かけて作り出した価値増加分 150 は現金の増加であり，経営成績を表わす数値となっています。

しかし現代の株式会社はこのように 20 年間で倒産あるいは清算することはなく，永久に存続しつづけるものであると考えられています（もちろ

ん，実際には倒産することもありますが，最初から倒産や清算を前提として設立される株式会社はない，ということです。これを**ゴーイング・コンサーン**とよびます）。すると上の例では 20 年後に出資金が株主に還元されましたが，企業が永久に存続しつづけるのであれば，株主が出資した 100 はいつまでたっても株主に返ってこないことになります。出資した資金が返ってこないだけでなく，資金がどのように運用されて，どのような成果を上げているのかもわかりません。それでは，誰も企業に資金を出資しようとは思わなくなります。

　そこで，会計では，企業の一生を人為的に区切り，一定期間の経営成績として生み出された価値の増加分を計算して，報告しています。この一定期間のことを「会計期間」とよび，通常，1 年間となっています。また一定期間の最初の日を「期首」といい，最後の日を「期末」といいます。この一定期間の経営成績を表わしているのが「利益」という数値です。もちろん，上のケースのように一定期間が企業の一生と同じ期間であるなら，企業の利益は企業が一生かけて増加させた現金と等しくなります。しかし，人為的に企業の一生を区切ることにより，問題が発生します。それが経営者の努力がいつ行われて，その成果がいつ達成されたのか，という問題です。収益と費用がどの期間に計上されるのか，を決定することを「**認識**」といいます。つまり費用・収益の認識を現金収支に基づいて行う会計が現金主義会計であり，発生の事実に基づいて費用・収益を認識するのが発生主義会計なのです。

　取引にはさまざまな段階があります。メーカーでは通常，原材料を調達し，製造を開始し，製品が完成し，その製品を相手に引き渡し，代金を回収する，といった取引を行います。発生主義会計では，このどの段階で収益を認識するのか，という収益認識のタイミングが問題となります。現金主義会計では，代金回収時点で収益を認識しますが，製品を販売するという努力を評価し企業の経営成果を表わすには遅すぎます。そこで発生主義会計ではより前の段階で収益が認識され，そのため，一会計期間においては，現金が入ってくる前に収益が計上されることになり，収益と現金収入

は一致しないこともあります。

　費用は，一会計期間の収益を獲得するために犠牲となったものであり，現金支出とは関係なく，費用が計上されることになります。たとえば，すでに利用を開始しているけれど，代金を後払いにしているため現金を支払っていない事務所家賃や水道光熱費等も，当期の収益を獲得するために犠牲となった費用です。期間全体を通じてみれば，利益＝現金増減額であったにもかかわらず，人為的に区切られた各会計期間においては，利益≠現金増減額となることもあり，利益の増加・減少が現金の増加・減少とは一対一に対応していないことがわかります。現金主義会計のもとでは，利益は現金増減額と等しいため，このような問題は起こりませんが，発生主義会計のもとでは，企業の利益が１兆円であったとしても，必ずしも１兆円の現金が増加したことを意味しないのです。しかし，現金収支とは異なり，一会計期間に獲得された収益から，そのために犠牲となった一会計期間の費用を控除することで計算される利益にはさまざまな優れた特徴があります。以下では，損益計算書で報告される利益について説明します。

4　売上とさまざまな利益

　損益計算書は，企業活動や取引の性質に応じて区分を設定し，それぞれの区分で利益を計算しています。損益計算書には，売上総利益，営業利益，経常利益，税引前当期純利益，当期純利益という５つの利益が記載されています。日産株式会社（以下，日産）の2019年３月期における「連結損益計算書」を例に，それぞれの利益の特徴についてみていきましょう。まず，連結損益計算書は，**図表 4-2** のように２年分の数値が並べて記載されています。そのため，前期と比較して当期の数値が増加あるいは減少しているのかは一目瞭然です。

図表 4-2 日産の連結損益計算書の簡略版

（単位：百万円）

	自平成 29 年 4 月 1 日 至平成 30 年 3 月 31 日	自平成 30 年 4 月 1 日 至平成 31 年 3 月 31 日
売上高	11,971,169	11,574,247
売上原価	9,814,001	9,670,402
売上総利益	2,137,168	1,903,845
販売費及び一般管理費	1,562,408	1,585,621
営業利益	574,760	318,224
営業外収益	249,338	311,186
営業外費用	73,796	82,912
経常利益	750,302	546,498
特別利益	12,592	28,316
特別損失	52,151	97,106
税金等調整前当期純利益	710,743	477,708
法人税，住民税及び事業税	140,571	156,115
法人税等調整額	△193,485	20,322
当期純利益	763,657	341,915

(1)　売　　上

　営業活動の成果は「売上高」で表わされます。売上高は企業にとってもっとも基本的な収益であり，本業で獲得される重要な収益です。一番上にある項目であることからトップラインともよばれています。また，サービス業では「営業収益」という項目で表示されることもあります。この売上高をスタートとして，さまざまな利益が計算されます。

(2)　売上総利益

　売上高を得るための努力を表わしている費用の 1 つが「売上原価」です。これは製造原価（→第 8 章）や仕入原価を表わしており，売上高を得るために直接費やされた費用です。企業にとってもっとも重要な収益である売

上高から，その売上高を得るために販売された財・サービスの原価である
売上原価を差し引くことによって計算される利益が「**売上総利益**」です。

　　売上総利益（1,903,845）＝売上高（11,574,247）−売上原価（9,670,402）

　この売上総利益は，別名「粗利益（あらりえき）」や「粗利（あらり）」
といわれており，この利益をみることによって，商品や製品の原価に企業
が追加した価値を知ることができます。

（3）　営業利益

　企業は商品や製品の原価以外にも，さまざまな活動に費用を費やすこと
で，商品や製品の販売を行っています。たとえば，新製品開発のための研
究開発活動や，テレビ CM を制作・放送するための広告宣伝費，直接販
売にはかかわってはいないものの企業運営には必ず必要な経理部門や人事
部門の社員に対する給料，本社や販売店舗といった有形固定資産を使用す
ることで生じる減価償却費等，商品や製品を販売するために多くの費用が
必要です。このような販売・管理活動に関連する費用全般を「販売費及び
一般管理費」といい，これも売上高を得るために必要不可欠な費用です（「販
管費（はんかんひ）」と略されることもあります）。売上総利益から販売費
及び一般管理費を差し引いて計算されるのが，企業の本業つまり営業活動
から生まれた利益である「**営業利益**」となります。

営業利益（318,224）＝売上総利益（1,903,845）−販売費及び一般管理費（1,585,621）

　たとえば，自動車メーカーの営業利益は，製造した自動車を販売するこ
とで得られた売上高から，製品を作るのに要した売上原価と，製品を販売
するのに要した販売費及び一般管理費を引いて計算されるため，自動車の
製造と販売というメーカーの本業から作り出された利益であるといえます。

（4）　経常利益

　企業が毎期継続的に行っている活動には，営業活動と財務活動がありま

す。財務活動とは，企業が営業活動を行うために必要な資金を集めたり，余剰資金を運用することで資金を増加させたりする活動のことです。このように，毎期継続的に行う財務活動から作り出される収益を**営業外収益**といい，他企業にお金を貸していることで受け取る受取利息や，トレーディング（売買）目的で保有している株式の運用益などがあります。また毎期継続的に行う財務活動からの費用を**営業外費用**といい，銀行や他企業からお金を借りているために支払う支払利息や，株式の運用損などがあります。これらの活動は，本業で行う活動ではないけれど，毎期継続的に行う活動からの収益と費用であり，これらの営業外収益・費用を営業利益から加減することで，毎期継続的に行う営業活動と財務活動から得られる利益である「**経常利益**」が計算されます。

経常利益（546,498）
　＝営業利益（318,224）＋営業外収益（311,186）－営業外費用（82,912）

　この経常利益は，毎期継続的に行われる活動からの利益であることから，別名「持続的利益」ともよばれています。日産では，営業利益よりも経常利益が約 2,282 億円大きくなっていることから，本業以外の財務活動で収益が多く発生していることがわかります。

（5）　税金等調整前当期純利益と当期純利益

　毎期継続的に行われる営業活動と財務活動以外の活動や事象から生じる収益を「特別利益」といい，費用を「特別損失」といいます。主に，臨時的に生じた取引や事象からの収益と損失から構成されています。たとえば，地震により工場が破壊された場合の損失や，事業を売却することで得られた収益がこれにあたります。これらの特別利益と特別損失を経常利益から加減することで「**税金等調整前当期純利益**」が計算されます。

税金等調整前当期純利益（477,708）
　＝経常利益（546,498）＋特別利益（28,316）－特別損失（97,106）

　税金等調整前当期純利益は，企業の一会計期間におけるすべての活動から生み出された，税金を支払う前の利益を表わしています。日産では，経常利益と税金等調整前当期純利益を比較すると，約 687 億円減少しており，当期臨時的に発生した損失が大きいことがわかります。この税金等調整前当期純利益から企業が支払わなければならない法人税，住民税及び事業税を差し引いて計算されるのが，企業が一会計期間に作り出した利益である「**当期純利益**」です。

　当期純利益（341,915）＝税金等調整前当期純利益（477,708）－法人税，住民税及び事業税（156,115）±法人税等調整額（△20,322）

　この当期純利益は企業の一定期間における経営成績を表わす利益数値であり，ボトムラインとよばれています。日産は当期の経営成績に対して納める税金費用がなんと約 1,357 億円もあることがわかります。税金を納めた残りの利益である当期純利益は，基本的には企業内に留保されて再度投資されるか，株主に配当として分配されることになります。ここまでの利益計算の体系を表わしているのが，**図表 4-3** になります。

図表 4-3 　区分損益計算の体系

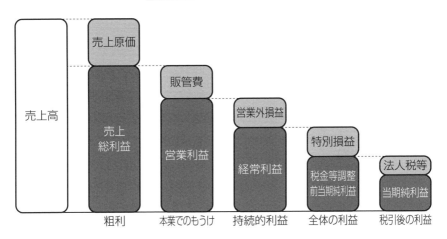

5　黒字倒産

　「黒字倒産」という言葉を聞いたことがありますか？「黒字」という良いイメージの言葉と「倒産」という悪いイメージの言葉が組み合わさってできた造語であるため，非常に違和感があります。この黒字倒産が問題となった時代がありました。なぜ黒字なのに倒産してしまうのでしょう。

　その答えは，現在の利益が現金増減額と一致していないため，といえます。つまり，企業がどれだけ多くの利益を報告していたとしても，その利益の背後に必ず現金が存在しているとは限らない，ということです。すると，多額の利益を報告している企業でも，手元現金がほとんどない状態であれば，損益計算書では優良な企業のようにみえても，手元現金がないため借入金の返済を行うことができず，債務不履行（テクニカル・デフォルトともいわれます）に陥り，倒産してしまう，という事態が発生することがあります。これは，利益≠現金増減額という関係が引き起こす，発生主義会計の欠点であるといえます。

　そこで，現在は利益を報告する損益計算書だけでなく，企業が保有する現金の一会計期間の増減を示す「キャッシュ・フロー計算書」も報告されており，利益情報と併せて，現金の増減を確認することができ，利害関係者が黒字倒産に陥りそうな企業を見分けることができるようになっています。ウェブサービスの「バフェット・コード」（https://www.buffett-code.com）を利用すると，貸借対照表や損益計算書，キャッシュ・フロー計算書の会計数値がグラフ化され，無料で財務分析ができます。興味のある企業の会計情報を分析してみましょう。

6　まとめ

　損益計算書は一定期間における企業の経営成績を表わす財務諸表の１つです。企業は人為的に企業の一生を区切った会計期間における経営成績を

表わすために，一会計期間に属する収益から一会計期間に属する費用を控除して，一会計期間の利益を計算します。企業の活動別に，本業から得られる営業利益，毎期継続的な活動から得られる経常利益，一会計期間で得られた当期純利益，さらには一会計期間の資産・負債の価値増減額として報告される包括利益といったさまざまな利益が，損益計算書および包括利益計算書に記載されており，これらの利益から，1 年間における企業の経営成績を評価することができます。

しかし現行の発生主義会計では，利益の増加が現金の増加を表わしているとは限らないため，利益が増加していても現金が足りず倒産してしまう黒字倒産が起こり得ます。しかし，現金の増減で収益・費用を認識しない発生主義会計において，利益数値は現金の裏づけがないものになる可能性がある一方で，一会計期間における企業の努力とその成果を適切に反映できる利益を作り出すことができるのです。

🔎 *Exercise* ●

❶ 損益計算書の役割とその貸借対照表との関係について考えてみよう。
❷ 各利益の間には，どのような収益・費用項目があるのか調べてみよう。
❸ 本章で取り上げた日産とライバル会社とを比較して，日産の強みと弱みを分析してみよう。
❹ Twitter や Instagram で大手町ランダムウォーカー（@ OTE_WALK）さんを探し，出題されている「会計クイズ」に取り組んでみよう。

📗 さらなる学習のために ─────────

桜井久勝『財務会計講義』中央経済社（毎年 3 月頃に最新版がでます）
桜井久勝・須田一幸『財務会計・入門（第 12 版補訂）』有斐閣アルマ，2019 年。
伊藤邦雄『新・現代会計入門（第 3 版)』日本経済新聞出版社，2018 年。

連結財務諸表

K**ey** W**ords**

持ち株会社，連結貸借対照表，連結損益計算書，連結キャッシュ・フロー計算書

1　持ち株会社（ホールディング・カンパニー）とは

　企業活動の多角化やグローバリゼーションが進行するなか，経営活動も単体ではなく企業集団（グループ）での活動が主流になっています。この章では，企業集団（グループ）の会計について学びます。

　企業集団（グループ）とは，支配従属関係にある2つ以上の会社から成る集団を指します。支配している会社を**親会社**，支配されている従属会社を**子会社**と呼びます。さらに，子会社の子会社を孫会社，さらにその孫会社の子会社をひ孫会社……と呼ぶこともありますが，連結会計基準上は従属会社をすべてまとめて子会社と呼びます。

　支配しているかどうかを決定する基準には，**持株基準**と**支配力基準**があります。持株基準とは，議決権の過半数を所有しているか否かで子会社かどうかを決定する基準です。つまり，ある会社の議決権の50%超を所有していればその会社は自己の子会社であり，50%以下の所有なら子会社ではない，ということになります。

　支配力基準は，議決権だけではなく，実質的な支配関係を有しているか否かで子会社を決定する基準です。たとえ議決権の40%しか所有していなくても，実質的に支配しているのであれば子会社であるとみなすのです。

実質的に支配しているかどうかは，いろいろな側面で判断します。たとえば，自己と緊密な関係がある者（緊密な者）や自己の意思に同意している者（同意している者）が所有している議決権と，自己の所有している議決権とを合わせて 50%超を所有していれば，実質的に支配しているとみなす，などです。

　ほかにも，取締役の過半数を派遣している場合，重要な財務および営業の方針決定を支配する契約等が存在する場合，資金調達額の総額の過半について融資を行っている場合など，実質的な支配従属関係の有無に基づいて子会社を決定するのが支配力基準です。

　現行の日本の連結会計基準では，支配力基準が採用されています。持株基準も採用されていますが，それに加えて，以下のような基準も採用されているからです。すなわち，他の企業の議決権の 40%以上，50%以下を所有している場合は一定の要件を満たせば子会社とする，緊密な者や同意している者が所有している議決権と自己の所有している議決権とを合わせて 50%超を所有している場合は一定の要件を満たせば子会社とする，などです。

　このように，他の会社を支配する目的で，その議決権付株式を所有する会社を**持ち株会社**（ホールディング・カンパニー）と呼びます。「持株会社」と書くこともあります。持ち株会社には**事業持ち株会社**と**純粋持ち株会社**の 2 種類があります。事業持ち株会社とは，親会社が本業を行う一方で，他の会社を支配して子会社に新規事業や周辺事業等を行わせる形式の会社です。純粋持ち株会社とは，他の会社の株式を大量に保有することにより，その他社の事業活動を支配することを本業とする会社をいいます。

　持ち株会社のメリットとしては，親会社がグループ経営の戦略的な機能に集中することが可能になる，子会社の自立性を高めることができる，事業の権限と責任を委譲しやすくなる，他企業の買収や不採算事業の売却がしやすくなる，人事制度や給与体系を各会社にみあったかたちで導入できる，社風や歴史・従業員の気質などが異なる会社が企業結合する場合は本格的な融合を図るまでの時間を確保することができる，などが挙げられま

す。反対に，持株会社のデメリットとしては，グループ経営の求心力が低下する，グループの全体像がつかみにくくなるおそれがある，各事業子会社に管理部門が置かれることになるため間接経費がアップする可能性がある，などが挙げられます。

　なお，持ち株会社制は**合併**とは異なります。合併とは，２つ以上の複数の会社が１つの会社に合体することを指します。合併する会社のうち１つの会社が存続する一方，他の会社が解散・消滅し，存続会社に吸収される場合を**吸収合併**といいます。また，合併するすべての会社が解散・消滅して，新会社を設立する場合を**新設合併**といいます。合併は，複数の企業が結合して全体の経営規模を拡大し，競争力を強化するとともに経営効率の向上を目指すという点では持ち株会社制と共通します。

図表 5-1　純粋持ち株会社とグループの事業内容

　近年，純粋持ち株会社が増大しています。経済産業省の平成27年純粋
持株会社実態調査によると，純粋持ち株会社は485社（前年度比7.3％増），
売上高または営業収益は3兆2,369億円（同5.2％増），常時従業者数は
25,695人（同3.9％増）とされています。また，純粋持ち株会社をグループ
全体としてみた場合の事業内容は，卸・小売業が109社（23％）と一番多く，
次いで製造業（20％），サービス業（11％），金融業・保険業（9％），建設
業（8％）の順となっており，これらの上位5業種で70％を占めます。

② 連結財務諸表

　持ち株会社は子会社とともに，企業集団（グループ）として一体となっ
て経営活動を行っています。そこで，持ち株会社は，親会社単体の財務諸
表ではなく，企業集団（グループ）全体の財務諸表を作成し，公表します。
特に純粋持ち株会社の場合，親会社の財務諸表のみでは，事業活動の内容
が示されません。たとえば親会社の貸借対照表の資産はほとんどが子会社
株式ということもあります。この場合，どれくらい現金や在庫や工場や無
形資産があるのかわかりません。また，このような純粋持ち株会社の損益
計算書には，子会社株式からの受取配当金が計上されるのみで，どのくら
い子会社に利益や損失が生じているのか，まったくわかりません。このよ
うな問題を克服するために企業集団（グループ）の財務諸表が求められて
きたという歴史的経緯があります。

　こんにち，企業集団（グループ）全体の財務諸表は**連結財務諸表**と呼ば
れています。連結財務諸表には，連結貸借対照表・連結損益計算書・連結
キャッシュ・フロー計算書などがあります。

　連結財務諸表には企業集団（グループ）全体，すなわち親会社と子会社
の財務情報が含まれますが，連結財務諸表に子会社の財務情報を含めるこ
とを「**連結の範囲に含める**」と表現します。連結財務諸表を作成するにあ
たっては，まずこの連結の範囲を決定することが重要になります。また，
連結の範囲に含まれた子会社を**連結子会社**といいます。原則として子会社

はすべて連結の範囲に含まれますが，支配が一時的であると認められる企業などは，子会社であっても連結の範囲には含まれません。したがって，子会社と連結子会社はかならずしも一致しないことに注意が必要です。

　連結財務諸表は，こんにち，企業の主要財務諸表であると位置づけられています。企業集団（グループ）による経営活動を行っている企業の有価証券報告書をみると，「連結財務諸表」と「財務諸表」がともに掲載されていることに気づくと思います。前者は企業集団（グループ）の財務諸表で，後者は親会社単体の財務諸表です。「連結財務諸表」が「財務諸表」よりも前のページに掲載されていることに注目してください。これは，連結財務諸表が「主」で，単体の財務諸表は「従」あるいは「補足」という関係にあるからです。連結財務諸表は，企業集団（グループ）が実質的に一体となって活動しているという**経済的実態**を表わしています。これに対して，親会社単体の財務諸表は，法人格としては別個の会社であるという**法的実態**に基づいています。会計基準においては，経済的実態が法的実態よりも重視されているのです。

　連結財務諸表は，親会社と子会社それぞれの単体の財務諸表が決算を経て完成してから作成されます。その手順は以下のとおりです。まず，親会社と子会社の財務諸表の数字を単純に合算します。現金や売掛金といった勘定科目のそれぞれについて親会社と子会社の金額を単純に合計するのです。次に，そこから一定の調整を行うことによって連結財務諸表を作成します。一定の調整とは，親会社と子会社が別個の会社であるために単体の財務諸表には計上されているけれども，親会社と子会社があたかも1つの会社であるとみなせば計上されない項目を相殺消去する，という手続きが中心です。たとえば，親会社が子会社に売掛金を，子会社は親会社に買掛金を持っている場合，親会社単体の貸借対照表には売掛金が，子会社単体の貸借対照表には買掛金が，それぞれ計上されています。けれども，当然ながら，この親子会社が1つの会社であったならば，この売掛金と買掛金は計上されません。そこで，連結貸借対照表を作成する際には，この2つの項目を相殺消去するのです。このようにして連結財務諸表は作成されま

す。それでは，連結貸借対照表と連結損益計算書の作成方法をくわしくみ
ていきましょう。

③　連結貸借対照表

　連結貸借対照表は，企業集団（グループ）の財政状態を明らかにするも
のです。まず，①親会社および子会社の単体の貸借対照表における資産・
負債および純資産の金額を合算し，②投資と資本の相殺消去と，③債権と
債務の相殺消去などの処理を行って作成します。以下，順に説明します。
　①親会社および子会社の単体の貸借対照表における資産・負債および純
資産の金額を合算します。ここでは具体的な勘定科目は省略し，おおまか
に「諸資産」「諸負債」などと総称していますが，「子会社株式」は後に相
殺消去する重要な項目なので内訳として記載しています。

親会社貸借対照表

諸　資　産 100,000	諸　負　債　70,000
(うち子会社株式20,000)	資　本　金　20,000
	利益剰余金　10,000

子会社貸借対照表

諸　資　産　50,000	諸　負　債　30,000
	資　本　金　15,000
	利益剰余金　5,000

合算

連結貸借対照表（合算のみ）

諸　資　産 150,000	諸　負　債 100,000
(うち子会社株式20,000)	資　本　金　35,000
	利益剰余金　15,000

　②次に，投資と資本を相殺消去します。この手続きを**資本連結**と呼びま
す。ここでの投資とは，親会社が子会社に投資した金額で，親会社単体の
貸借対照表に「子会社株式」と計上されている項目です。また，ここでの
資本とは，子会社の資本で，子会社の資本金と利益剰余金の合計額を指し

ます。つまり，親会社貸借対照表の子会社株式と，子会社貸借対照表の資本を相殺消去するのです。

　親会社による子会社への投資は，子会社の資本に対する親会社の所有権（持分）を意味します。つまり，この投資と資本は，親子会社を一体とみなすと，自分が自分に投資をしていることになるので，相殺消去するのです。したがって，まずは子会社株式と子会社資本を抜き出し（網掛けの部分），両者を消去します。

連結貸借対照表（子会社株式と子会社資本を網掛け）

諸　資　産	130,000	諸　負　債	100,000
		資　本　金	20,000
		利益剰余金	10,000
子会社株式	20,000	資　本　金	15,000
		利益剰余金	5,000

相殺消去

連結貸借対照表（資本連結後）

諸　資　産	130,000	諸　負　債	100,000
		資　本　金	20,000
		利益剰余金	10,000

　③最後に，債権と債務の相殺消去をします。いま，親会社の期末売掛金残高のうち 10,000 円が子会社に対するものであったとします。この場合，親会社の売掛金と子会社の買掛金を抜き出し（網掛けの部分），これを消去します。これで連結貸借対照表は完成です。

連結貸借対照表（売掛金と買掛金を網掛け）

諸　資　産　130,000	諸　負　債　100,000
(うち子会社への売掛金 10,000)	(うち親会社からの買掛金 10,000)
	資　本　金　20,000
	利益剰余金　10,000

②次に，親子会社間の取引高を相殺消去します。ここでは子会社が 1 社

4　連結損益計算書

　連結損益計算書は，企業集団（グループ）の経営成績を明らかにするものです。①まず，親会社および子会社の単体の損益計算書における収益・費用の金額を合算し，②親子会社間の取引高の相殺消去と，③未実現利益の消去などの処理を行って作成します。以下，順に説明します。

　①親会社および子会社の単体の損益計算書における収益・費用の金額を合算します。ここでは具体的な勘定科目は省略し，おおまかに「諸収益」「諸費用」と総称しています。

　②次に，親子会社間の取引高を相殺消去します。ここでは子会社が 1 社しかありませんが，子会社が複数ある場合は，子会社相互間の取引高も相

殺消去します。親子会社間あるいは子会社相互間における商品の売買その他の取引は，単一の組織体とみなされる企業集団（グループ）内部の取引ですから，相殺消去しなければ，企業集団（グループ）の経営成績を明確に示すことができなくなるからです。また，会社相互間取引が連結範囲外の企業をつうじて行われる場合であっても，その取引が実質的に企業集団（グループ）内部の取引であることが明確であるときは，この取引を相殺消去します。

　いま，親会社は子会社に対して商品を掛けで販売しており，当期30,000円の掛売上があったとします。この場合，親会社の売上高と子会社の売上原価を抜き出し（網掛けの部分），これを相殺消去します。

連結損益計算書(売上高と売上原価を網掛け)

諸　費　用　81,000	諸　収　益　90,000
(うち親会社からの仕入30,000)	(うち子会社への売上30,000)
当期純利益　　9,000	

相殺消去

連結損益計算書（取引高の相殺消去後）

諸　費　用　51,000	諸　収　益　60,000
当期純利益　　9,000	

　③最後に，**未実現利益**の消去をします。未実現利益とは，親子会社間の取引で生じた利益のうち，企業集団（グループ）外の第三者との取引によって実現していない金額のことです。ここで実現とは，企業集団（グループ）外の第三者に販売される，ということです。

　たとえば，親会社が，仕入原価22,000円の商品を30,000円で子会社に販売したとします。子会社は30,000円で親会社から仕入れた商品のうち，半分を企業集団（グループ）外に販売しましたが，残りの半分は未だ販売せずに在庫として保有しているとします。この場合，親会社単体の損益計

算書には，8,000 円（30,000 円 − 22,000 円）の利益が計上されていますが，このうちの半分（4,000 円）は外部に販売されていませんので未実現利益ということになります。連結損益計算書の作成にあたって，この未実現利益は消去しなければなりません。連結損益計算書では，親子会社間の商品売買取引で生じた利益はあくまでも自分が自分に販売しただけで利益にはならず，企業集団（グループ）外に販売して初めて利益として実現したとみなすのです。

　いま，上述の未実現利益 4,000 円を消去する事例を考えましょう。これを消去するためには，連結損益計算書のみならず連結貸借対照表の項目も調整します。まずは連結損益計算書の項目から説明すると，売上原価を増額します。これによって，連結損益計算書で計算される利益が未実現利益の金額だけ減少します。

連結損益計算書（再掲）

諸　費　用	51,000	諸　収　益	60,000
当期純利益	9,000		

売上原価の増額

連結損益計算書（売上原価の増加）

諸　費　用	51,000	諸　収　益	60,000
売上原価	4,000		
当期純利益	5,000		

　次に，連結貸借対照表の商品勘定を減額します。未実現利益 4,000 円は，子会社に在庫として残っている商品のなかにも含まれているからです。子会社は 30,000 円で親会社から商品を仕入れ，そのうち半分を販売しましたので，在庫が 15,000 円あります。しかし，このうちの 4,000 円は親会社の未実現利益ですから，これを消去するのです。貸借対照表と損益計算書の項目を調整するので少しわかりにくいかもしれませんが，いずれも当期

純利益が 4,000 円減少していることが読み取れると思います。

連結貸借対照表（未実現損益消去前）

諸　資　産 120,000	諸　負　債	90,000
（うち商品に含まれる未実現利益 4,000）	資　本　金	20,000
	利益剰余金	10,000
	（うち当期純利益 9,000）	

商品の減額

連結貸借対照表（未実現損益消去後）

諸　資　産 116,000	諸　負　債	90,000
	資　本　金	20,000
	利益剰余金	6,000
	（うち当期純利益 5,000）	

❓ Exercise ●●●●●●●●●●●●●●●●●●●●●●●●●●●●●●●●●

❶　興味のある会社の有価証券報告書をみて，連結子会社は何社あるか調べてみましょう。また，親会社による議決権の所有割合は何％か，親会社との関係はどうなっているか，調べてみましょう。

❷　興味のある会社の連結財務諸表と個別財務諸表を比較してみましょう。総資産や売上高・利益は，どちらのほうがどれだけ大きいですか，それはなぜだと思いますか。

❸　本章で相殺消去した「子会社株式」は，実際の有価証券報告書における個別貸借対照表では「関係会社株式」という項目に含まれています。皆さんの興味ある会社では，「関係会社株式」はいくらくらいですか，それは総資産額に対してどのくらいの規模ですか。

📖 さらなる学習のために

山地範明『エッセンシャル連結会計』中央経済社，2017 年。
谷江武士『事例でわかるグループ企業の経営分析』中央経済社，2014 年。
發知敏雄・箱田順哉・大谷隼夫『持ち株会社の実務（第 8 版）』東洋経済新報社，2018 年。
新日本有限責任監査法人・EY 税理士法人・EY トランザクション・アドバイザリー・サービス株式会社編『持株会社の運営・移行・解消の実務―グループ経営上のメリット・デメリット―』中央経済社，2015 年。

経営分析のキホンを学ぼう！

　会計情報や決算書の意味がわかれば，次は経営分析の出番です。経営分析は，決算書を調べ読み取るための技法をいい，これに基づいて経営や投資の意思決定が行われます。経営管理は，計画（Plan）→実行（Do）→分析（See）のサイクルを繰り返して行われます。経営分析を通じて，計画どおりの実績を生み出すことができたかどうかをみます。

　他方，企業に資金を提供している投資家や債権者は，期待どおりの利益を生み出しているのかどうか，資金を返済する能力があるのかどうかをみます。期待を上回る業績が上がれば，投資家はより多くの資金を提供しようと考えます。このように経営分析は，次の行動を考えるために用いられます。

　＜第III部　経営分析のキホンを学ぼう！＞では，この経営分析をするのに必要な決算書の調べ方，見方について説明していきます。

第6章 **決算書の調べ方**

1 投資家情報

　本章では，貸借対照表や損益計算書などの企業の決算書の調べ方を学びます。上場企業のホームページを見ると，たいていは顧客向けの製品・サービス情報がトップ・ページを占めていますが，そこには必ず「**投資家情報**」や「**IR 情報**（Investor Relations）」といった項目があるはずです。ここをクリックすれば，各種の投資家向け情報が出てきます。

　例として，本田技研工業株式会社，味の素株式会社，株式会社資生堂のホームページを見てみましょう。各社のホームページは，**図表 6-1** のような構成になっています。決算書は，表中の太字の書類に含まれています。いずれも東証一部上場企業なので，法制度にもとづいて決算説明会資料（**図表 6-1** ①，以下同様），決算短信（②），事業報告（③），有価証券報告書（④）などの株主・投資家向け情報を公開しています。これらは財務を中心とする企業情報ですが，非財務情報として最近企業が開示に力を入れているのが，E（Environment）・S（Social）・G（Governance）に関する活動目標や実績です。本田技研工業株式会社は「サステナビリティレポート」（⑦）として，味の素株式会社は「統合報告書」（⑦）の中で ESG に関わる自社の活動を説明しており，株式会社資生堂はホームページ上で「ESG に関

図表 6-1　ホームページ（決算情報サイト）の構成

本田技研工業株式会社	味の素株式会社	株式会社資生堂
ホーム>企業情報 　会社案内 投資家情報 　環境·安全·社会貢献活動 　（サステナビリティレポート⑦） 　テクノロジー 　採用情報 　工場見学・企業スポーツ 　熱気球・人財の多様性 投資家情報> 　経営方針 　ＩＲ資料室 　財務・業績情報 　株式・債券情報 　（**株主総会招集通知**③） 　ＩＲカレンダー 　個人投資家の皆様へ ＩＲ資料室> 決算関連資料（**決算報告書**）② **アニュアルレポート**⑤ 企業説明資料① 株主通信③ **有価証券報告書**④ 証券取引所提出資料 ＦＯＲＭ 20-F⑥	ホーム>企業情報サイト 　味の素グループについて 　ESG・サステナビリティ⑦ 　研究開発 　ＩＲ（株主・投資家）情報 　採用情報 　特集 ＩＲ（株主・投資家）情報> 　経営戦略 　事業紹介 　財務（ハイライト） 　非財務（ESG） 　イベント（決算説明会資料 　①．**株主総会招集通知**③） 　ライブラリ 　株式情報 ライブラリ> 　**統合報告書**⑦ 　株主通信③ 　味の素グループ概要資料 　**ＩＲDataBook**⑤ 　知的財産報告書 　**決算短信**② 　**有価証券報告書**④ 　ASV STORIES⑦	ホーム>グループ企業情報サイト 　会社案内 投資家情報 　採用情報 　ブランド 　サステナビリティ／CSR⑦ 　研究開発 　ビューティー／アート 投資家情報> 　会社案内 　ＩＲニュース 　経営方針 　ＩＲライブラリ 　個人投資家のみなさまへ 　株式・社債情報 　株主総会 　（**株主総会招集通知**③） 　コーポレートガバナンス ＩＲライブラリ> **決算短信**②·決算説明資料① **有価証券報告書**④ 「株主・投資家のみなさまへ」③ 業績・推移データ **アニュアルレポート(web)**⑤ ＥＳＧに関する非財務情報⑦

（出所）各社ホームページ（2019年7月31日現在）より。

する非財務情報」（⑦）として自社の活動を明らかにしています。

　一連の投資家情報は，決算が行われて株主総会を終えるまでの期間に公開されます。たとえば3月末に決算が行われる企業ならば，4月下旬～5月上旬に決算説明会が行われ決算短信が配付・公表されます。会計監査人による決算書類の監査は，その頃までに終えています。監査を経た決算書類は事業報告としてまとめられ，株主総会招集通知をつうじて株主に届けられます。株主総会は5～6月中に行われます。上場会社の場合は株主総会が終了すると**有価証券報告書**が作成され，決算日から3ヵ月以内（6月末まで）に内閣総理大臣宛に提出されます。このようなタイミングで**投資**

家情報が作成され，インターネット上にも公開されていきます。なお今日
では四半期（3ヵ月）ごとに決算が行われるので，このようなサイクルを
年4回繰り返していると考えて良いでしょう。

　決算説明会資料（**図表6-1①**）では，パワーポイントを用いて利益の増
減分析を図示するなどして，当期の経営成績をわかりやすく説明していま
す（**図表6-2**参照）。

　決算短信（**図表6-1②**）は，証券取引所の適時開示ルールにのっとって
作成された決算速報です。決算後45日以内，できれば30日以内の開示が
望ましいとされており，投資家が最も早く知ることができる決算情報です。
「来期の業績予想」といった，他では見られない情報を得ることができます。

　株主総会招集通知（**図表6-1③**）には，会社法（第435条，第438条）に
もとづく事業報告が記されており，株主総会に際して株主に提供されます。
経営方針・事業内容・資金状況・役員情報などが，株主にわかりやすいよ
うに写真や図解を用いて示されています。こうした株主宛の報告は，半期・

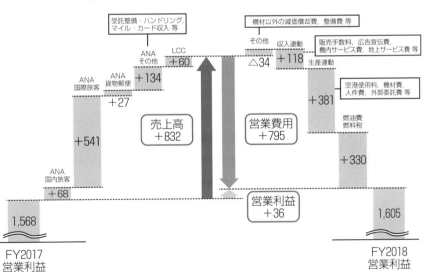

図表6-2 航空事業の営業利益増減要因 （単位：億円）

（出所）ANA ホールディングス株式会社「決算説明会資料（19/04/26）」20 頁より。

四半期決算ごとに「株主通信」として株主に届けられます。

　有価証券報告書（図表 6-1 ④）は，金融商品取引法（第 24 条）にもとづいて作成された投資家情報で，最も詳細な企業情報がここに記されています。『会社四季報』や「日経 NEEDS」といった投資家向け情報誌やデー

図表 6-3「統合報告書」に示された

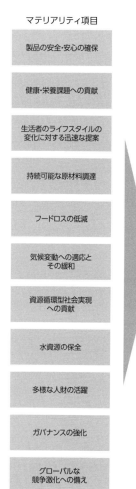

マテリアリティ項目

- 製品の安全・安心の確保
- 健康・栄養課題への貢献
- 生活者のライフスタイルの変化に対する迅速な提案
- 持続可能な原材料調達
- フードロスの低減
- 気候変動への適応とその緩和
- 資源循環型社会実現への貢献
- 水資源の保全
- 多様な人財の活躍
- ガバナンスの強化
- グローバルな競争激化への備え

非財務（社会価値）

うま味を通じてたんぱく質・野菜をおいしく摂取し、栄養バランスを改善

味の素グループ製品による肉・野菜の摂取量（日本・Five Stars*1）
● 一人当たり摂取量に占める割合

（万トン）1,000　肉　660　16　860　19
（万トン）　野菜　380　6　550　8
（%）30　15

共に食べる場の増加

味の素グループ製品による共食の場への貢献回数（日本・Five Stars）
（回／世帯／年）80　50　70
+20回

おいしくスマートな調理の実現

味の素グループ製品を通じて創出される時間（日本）
（百万時間）40　31　38
+7百万時間

人々の快適な生活を実現

アミノ酸製品（アミノサイエンス）を通じた快適な生活への貢献人数
（百万人）30　18　22
+400万人

地球環境への負荷を軽減

▶ パフォーマンスデータ(p61)参照

従業員の働きがい向上

働きがいを実感している従業員の割合　80%+

*1 タイ、ブラジル、インドネシア、ベトナム、フィリピン

タベースも，有価証券報告書の情報データをもとにして作成されています。
有価証券報告書は，金融庁の EDINET（http://disclosure.edinet-fsa.go.jp/）
からも見ることができます。EDINET とは，「金融商品取引法に基づく有
価証券報告書等の開示書類に関する電子開示システム（Electronic

味の素グループの統合目標

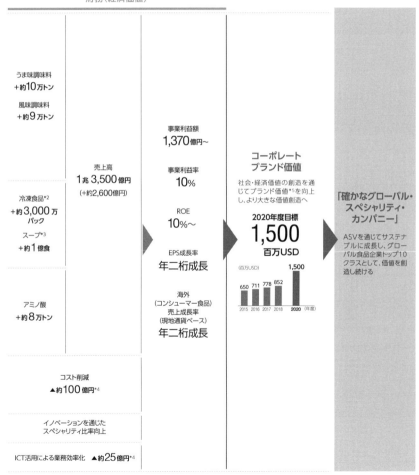

*2 日本の家庭用調理品のみ　*3 日本のカップスープのみ　*4 コスト削減 ▲100億円、▲25億円は2019年度目標
*5 インターブランド社調べ。「Japan's Best Global Brands」公表数値
※うま味調味料、風味調味料、冷凍食品、スープ、アミノ酸の増加分は対2015年度、財務指標の増加分は対2016年度

（出所）「味の素グループ統合報告書2019」13-14頁より。

Disclosure for Investors' NETwork）」のことで，上場企業は EDINET への有価証券報告書の電子提出が義務づけられています。

　ところで本田技研工業株式会社には，FORM20-F（**図表6-1 ⑥**）という項目があります。これは同社が米国のニューヨーク証券取引所にも株式を上場していることから，米国の規制当局 SEC（US Securities and Exchange Commission）に提出している英文決算書類です。日本の有価証券報告書に相当します。

　以上の投資家情報は法令や制度によって共通の様式が義務づけられた書類ですが，これとは別に企業が自由な形式で作成しているのが，アニュアル・レポート（**図表6-1 ⑤**）です。これは米国企業に定着している年次報告書のことをいい，米国で株式を上場している日本企業が海外の機関投資家に対応するために作成を始めたものです。内外の機関投資家に応じる目的から，多くの日本企業にも，これを作成する習慣が拡がっています。投資家向けの情報開示なので，「11年間の連結財務ハイライト」のような財務情報が示されているほか，自社の競争優位や独自のビジネスモデルなど投資家の注目をひく企業情報が豊富に示されています。

　味の素株式会社は，アニュアル・レポートに代えて，統合報告書に力を入れています。同社は統合報告書を情報体系の第1階層に位置づけ，第2階層の「サステナビリティ・データブック」「インベスターズ・ガイド」「コーポレート・ガバナンス報告書」「有価証券報告書」および「中期経営計画」を統合的に示しています。味の素株式会社はその中で，自社が取り組むESG活動について具体的な目標を示すとともに，その企業価値向上への道筋をわかりやすく図示しています。**図表6-3** は，「統合報告書2019」に示された，味の素グループの統合目標です。ESG活動として取り組むさまざまな活動が，中期経営計画で掲げた財務目標の達成と矛盾することなく達成される道筋が明らかにされています。

　このような統合報告書の背景には，機関投資家による ESG 投資（ESG活動に熱心に取り組む企業への集中投資）があります。機関投資家は長期的な投資リターンの拡大を求めていますが，そのためには投資先の企業価値

の持続的向上が欠かせません。企業価値の持続的向上を図るには，経営環境を破壊するマイナス要因を取り除く努力が必要です。2015 年に国連が採択した持続可能な開発目標 SDGs（Sustainable Development Goals）——たとえば貧困撲滅や格差の是正，気候変動対策など，国際社会に共通する 17 個の目標は，そのようなマイナス要因に立ち向かい，これを取り除くことが目標とされています。そして大手民間企業がその課題解決を図る主要な担い手として位置づけられています。そのため最近，日本企業の間でも，SDGs の設定目標を経営戦略に取り込み，事業機会として生かす動きが少しずつ広がっています。味の素株式会社もこのような流れに沿って，ASV（Ajinomoto Group Share Value）に基づく統合目標を作成し，その道筋を統合報告書で明らかにしているのです。このような活動を評価する機関投資家は，自らの ESG 投資に味の素株式会社を組み入れ，味の素株式会社の持続的な価値向上を応援し，長期の投資リターンを期待することになります。このように機関投資家による ESG 投資と，投資先企業の SDGs への取り組みは表裏の関係にあります。

② 有価証券報告書（略して，「有報」）

　有価証券報告書は，本決算以外にも四半期の決算ごとに作成されています。ここでは本決算の際に作成される有報（各社，2018 年度）の記載内容を見ていきましょう。現在の有報の記載事項は，図表 6-4，図表 6-5 のようになっています。全体で 100 ページ程度の有報のうち，前半（図表 6-4）は，第一部の「第 1　企業の概要」「第 2　事業の状況」「第 3　設備の状況」「第 4　提出会社の状況」といった経営情報が記載されています。ここには，財務諸表の理解を助ける多様な情報がふんだんにあります。後半（図表 6-5）の 50 ページ程度は，「第 5　経理の状況」で占められています。

　有報を読む投資家は，「この株式に投資して大丈夫か」というリスクに対する関心と，「この株式に投資してどれだけ儲けられるのか」というリターンに対する関心を抱いています。有報は，投資家が「株式のリスクと

リターンを判断するための取扱説明書」と考えれば，その内容が理解しやすくなります。まずは，その前半部分から見ていきましょう。

　「第1　企業の概況」では，財務諸表の提出会社（親会社）を中心とする企業グループ全体の成り立ちが，「2. 沿革」「3. 事業の内容」「4. 関係会社の状況」「5. 従業員の状況」といった項目において示されています。たとえばキヤノン株式会社の企業グループについて調べると，親会社が主に製品開発を担い，日本および中国・アジアの生産子会社が製品を生産しています。これを親会社が引き取り，欧州・北米・日本・アジアの販売子会社をつうじて最終顧客に販売しています。主な製品は，プリンター・複合機（オフィス部門），カメラ（イメージングシステム部門），医療機器（メディカルシステム部門），半導体露光装置（産業機器部門）です。2018 年 12 月

図表6-4　有価証券報告書の記載事項（前半）

第一部　企業情報	
第1　企業の概況	1. 主要な経営指標等の推移（最近5期間の推移がわかります） 2. 沿革（創立から今日までの重要な出来事がわかります） 3. 事業の内容（子会社・関連会社や顧客との関係を示しています） 4. 関係会社の状況（関係会社の所在地や事業がわかります） 5. 従業員の状況（従業員数，平均年齢，平均給与がわかります）
第2　事業の状況	1. 経営方針，経営環境及び対処すべき課題等 　　（経営方針とその達成のための戦略が示されています） 2. 事業等のリスク（想定しているリスクが示されています） 3. 財政状態，経営成績及びキャッシュ・フローの状況の分析 　　（2期間の決算動向，事業部門ごとの業績にも言及しています） 4. 経営上の重要な契約等（技術提携等の現状がわかります） 5. 研究開発活動（研究開発活動や投資の様子がわかります）
第3　設備の状況	1. 設備投資等の概要（設備投資の金額と目的がわかります） 2. 主要な設備の状況（設備の価額や所在地がわかります） 3. 設備の新設・除却等の計画（先行投資の状況がわかります）
第4　提出会社の状況	1. 株式等の状況（株式所有や大株主の状況がわかります） 2. 自己株式の取得等の状況（自己株式の活用方法がわかります） 3. 配当政策（利益分配の方針ならびに実績が示されています） 4. 株価の推移（最近の株価の最高値・最低値が示されています） 5. 役員の状況（取締役会・監査役会のメンバーが示されています） 6. コーポレート・ガバナンスの状況等 　　（機関運営の状況や体制がわかります）

末でグループは 379 社からなり，従業員数は 195,056 人で，約 3.9 兆円の売上高を上げています。投資家は，こうした企業グループの全体像を頭に入れて投資に臨んでいます。

　「第 2　事業の状況」には，当期の業績と今後の成長への布石が示されています。「1.経営方針，経営環境及び対処すべき課題等」では，経営理念や経営方針，環境変化とこれに対処するための経営戦略，その遂行を時間軸に変換した中期経営計画，達成すべき目標（数値）などが示されています。たとえば日清食品ホールディングス株式会社では，「食足りて世は平らか」という創業者の理念に基づく経営を行い，EARTH FOOD CREATOR（アース・フード・クリエイター）をめざしています。そのため，①カップヌードルのグローバル・ブランディングの促進，②海外重点地域への集中，③国内収益基盤の盤石化，④第 2 の収益の柱の構築，⑤グローバル経営人材の育成・強化という戦略テーマを遂行しています。2020 年度を終期とする中期経営計画では，「売上高 4,800 億円，営業利益 425 億円，純利益 300 億円，ROE 8 ％以上，EPS284 円」を到達目標として掲げています。こうした目標が達成できたなら，世界企業としての評価を得られると考えています。

　次の「2．事業等のリスク」では，会社が直面する経営上のリスク（脅威）が示されています。ここで想定するリスクが顕在化した場合には，上記に掲げた目標達成が危ぶまれるという要因です。各社 10 数個のリスクを上げていますが，冒頭に掲げる 2 〜 3 個は当該企業の事業特性に係るものと考えられます。たとえば食品企業なら，「食品の安全性にかかわる問題」や「少子高齢化による国内市場の縮減の影響」が，リスク情報の代表格として上げられます。一般には，マーケットリスク，競合リスク，規制リスク，自然災害リスク，調達リスク，カントリーリスク，品質・サービスリスクといったリスク情報が掲げられています。投資家は，このようなリスクとリターンを勘案して，投資決定を行わなければなりません。

　次に着目すべきは，今後の成長への布石です。「4．経営上の重要な契約等」「5．研究開発活動」「第 3　設備の状況」といった項目では，資本

提携や技術提携などの重要な契約や，研究開発や設備投資などの先行投資の実態を示しています。たとえばサントリー食品インターナショナル株式会社は株式会社福寿園と業務提携契約を結び，「伊右衛門」等の茶製品の共同開発・商品展開を行うと述べています（「経営上の重要な契約等」より）。株式会社資生堂は291億円（売上高比2.7％）の研究開発費を投入し，「しわを改善する」というレチノールを使った化粧品の開発を行っています（「研究開発活動」より）。また株式会社オリエンタルランドは，2,500億円かけて東京ディズニーシーの大規模拡張プロジェクト（「ファンタジースプリングス」）を実施すると明らかにしています（「設備の状況」より）。このような先行投資は一時的には利益の減少（収益性の低下）や資金の逼迫（安全性の低下）をもたらす恐れがありますが，先行投資を行わずして将来の成長はあり得ません。ここでも投資家は，リスクとリターンを勘案して，投資決定を行う必要があります。

　「第4　提出会社の状況」には，株式の発行数・所有分布・大株主などの状況，配当政策や株価の状況，取締役や監査役など役員の状況が記載されています。投資家は，配当や株価などの実績とともに，経営者のプロフェッショナルとしての手腕を評価し，投資決定を行います。

　有価証券報告書の後半は，「第5　経理の状況」と「監査報告書」からなっています。「1．連結財務諸表等」には，最近2期間の企業グループ全体の連結財務諸表と，その作成方針，注記や明細が示されています。続いて，「2．財務諸表等」には，最近2期間の提出会社（親会社）の個別財務諸表，その作成方針，注記や明細が示されています。財務諸表には豊富な定量的データが含まれており，現状の経営成績や財政状態の把握に役立ちます。

　投資家は，企業の業績を時間軸と空間軸から見ていきます。2期間の連結財務諸表から，売上高（収益）と利益の増減を見ることができます。業績好調な企業の財務諸表は，「増収増益」（売上高も利益も増えている状態）を示しています。売上高や利益の増減を確認すれば，次に，「1.(1)注記事項」に含まれる「セグメント情報」に着目しましょう。「事業の種類別のセグメント情報」，および「所在地別セグメント情報」があり，どの事業

図表6-5　有価証券報告書の記載事項（後半）

第5　経理の状況	1．連結財務諸表等
	(1)　連結財務諸表
	①　連結貸借対照表（グループの財政状態がわかります）
	②　連結損益計算書（グループの経営成績がわかります）
	③　連結株主資本等変動計算書（増減要因がわかります）
	④　連結キャッシュフロー計算書
	（資金の増減理由がわかります）
	継続企業の前提に関する事項
	（疑義が生じた場合に言及します）
	連結財務諸表作成のための基本となる重要な事項
	（連結の範囲や会計処理の基本方針を示しています）
	会計方針の変更等（変更の理由や影響額が示されます）
	表示方法の変更（変更の内容・影響が示されます）
	追加情報（読者の理解を助けるための情報の追加）
	注記事項（科目・金額の詳細情報が示されています）
	⑤　連結附属明細表
	（社債・借入金の利率・返還期限が示されています）
	(2)　その他
	2．財務諸表等
	(1)　財務諸表
	①　貸借対照表（提出会社の財政状態がわかります）
	②　損益計算書（提出会社の経営成績がわかります）
	③　株主資本等変動計算書（増減要因がわかります）
	継続企業の前提に関する事項
	（疑義が生じた場合に言及します）
	重要な会計方針（重要な会計方針が示されています）
	会計方針の変更等（変更の理由や影響額が示されます）
	表示方法の変更（変更の内容・影響が示されます）
	追加情報（読者の理解を助けるための情報の追加）
	注記事項（科目・金額の詳細情報が示されています）
	④　附属明細表
	（貸借対照表項目の内訳明細が示されています）
	(2)　主な資産および負債の内容
	(3)　その他
第6　提出会社の株式事務の概要	
第7　提出会社の参考情報（提出会社の親会社等の情報が示されます）	
第二部　提出会社の保証会社等の情報	
監査報告書及び内部統制監査報告書，監査報告書	

がどの国・地域で業績が伸びているのかがわかります。上場大企業は複数事業を営んでいるのが通例ですから，主力事業が何で，売上構成がどうなっているのかを理解しておくことが重要です。一定の歴史のある企業であれば，主力事業が以前と入れ替わっている場合もあります。たとえばフィルム全盛時代の王者・富士フイルムホールディングス株式会社（2018年度売上高2兆4,314億円）の売上構成は，デジカメ・「チェキ」・液晶フィルムなどを扱うイメージングソリューション事業が16％，バイオ医薬品製造受託や内視鏡など医療機器を扱うヘルスケア＆マテリアルズソリューション事業が43％，複合機を扱うドキュメントソリューション事業が41％になっており，もはや主力はヘルスケア事業に移っていることがわかります。また，どの国・地域で売上・利益を上げているのか，これも著しく変化しています。建設機械の株式会社小松製作所は海外売上が85％ですが，海外といっても日本を含む欧米先進国市場は50％を切っており，戦略市場と位置づける新興国市場での売上が過半を占めるようになっています。このようにセグメント情報を読み込めば，どのような戦略展開が功を奏し，「増収増益」につながっているのかがわかります。投資家はこのように企業業績を読み取り，投資のリターンについて検討します。

　用心深い投資家は，ここで2つの継続性について確認しておきます。1つめは，「1.⑴継続企業の前提に関する事項」が記されていないかどうかという点です。財務諸表は将来にわたって企業が継続する前提で作成されていますが，仮にこの前提が疑わしくなるような事態（たとえば継続的な営業損失の発生や営業キャッシュ・フローのマイナス，重要な当期純損失の計上，債務超過，借入金返済の困難など）が生じた場合，経営者はこれを投資家に注意喚起する義務があります。これが記されている企業はそんなに多くありませんが（2018年度で100社程度），注意を払っておく必要があります。

　もう1つは，会計方針の継続性です。これは，「1.⑴連結財務諸表作成のための基本となる重要な事項」（「2.財務諸表等」では「2.⑴重要な会計方針」）を確認することでわかります。通例，2期間の会計数値の変化は，「経営実態の変化」によるものと考えてよいのですが，時にはこれに「会計方

針の変更」によるものが混入する場合があります。「会計方針の変更」とは，1つの会計事実に対して複数の会計処理手続きが認められている場合に生じます。いったん採用した会計方針を継続して適用して，これをみだりに変更しないことが原則ですが，環境変化が生じたため会計方針を変更したほうが経営実態をより良く示すことができるという場合には，これが認められています。正当な理由による会計方針の変更があった場合には，「1.(1)会計方針の変更等」や「1.(1)表示方法の変更」として，その内容や理由，その影響（額）が明らかにされます。投資家は，会計方針の変更等による影響を勘案して，会計数値の正しい理解を行う必要があります。有価証券報告書にはこのように豊富な情報が記載されており，投資家はこれを存分に活用して投資意思決定を行うことが求められます。

③　「日経 NEEDS」『会社四季報』『業界地図』 など

　有価証券報告書に含まれているのは，当該企業の最近2期間の会計情報だけです。過去に遡って長期の変化を調べたい場合や，ライバル企業など他社との比較をしたい場合には，そのたびごとに過去（・他社）の有価証券報告書を入手しなければなりません。過年度の財務諸表の決算データを入手したい場合は，日本経済新聞社「NEEDS（Nikkei Economic Electronic Databank System）」等の財務データベースが役に立ちます。決算データを電子情報で取得できるので，エクセル等で表やグラフに加工できる点で使い勝手があります。

　このようなデータベースを活用する前に，当該企業について概観をつかむためのハンドブックがあります。長年，投資家に愛用されてきた，東洋経済新報社編『会社四季報』です。同書は季刊で，全上場企業の投資情報が企業ごとにコンパクトに編集されています。また就職活動で学生に重宝されているのが，日本経済新聞社編『日経業界地図』（後発の類書に東洋経済新報社編『会社四季報業界地図』）です。同書では，業界別にどのような企業があり，どのような競争関係にあるか，また業界全体の課題は何かが

わかりやすく図解されています。業界の主要統計や業界団体のホームページも記載されており，業界ベースで企業を把握する上で役に立ちます。

　有価証券報告書とともに，こうした書物・データベースを援用して，企業の財務諸表を調べていけば，だれもが企業の実態を把握することができます。

💡 Exercise ●●●●●●●●●●●●●●●●●●●●●●●●●●●●●●●●

　興味ある上場企業を取り上げて，最新の有価証券報告書から各種情報を抜き出し，下記のフォーマットを完成させましょう。なお，【　】は，有価証券報告書の記載場所（本章図表6-4，図表6-5の番号）を示しています。たとえば【1-1】は，第一部「第1 企業の概況」の「1．主要な経営指標の推移」に情報が含まれていることを示します。

【プロフィール】

調査対象企業名		
最新決算【1-1】 　　　　年　　月	事業年度【1-1】 　　　　第　　　期	設立年【1-2】 　　　　　　年
特色（製品シェア・業界順位・ライバル企業） 　　　　　　　　　　　　　　　　　　　　　　　【業界地図など】		
売上構成（事業別・地域別）【2-1】【5-1⑴注記（セグメント情報）】 		
本社所在地【表紙】		事業所（工場・店舗）・数【3-2】
子会社数，持分法適用会社数【1-3】 子会社　　　社（持分法適用会社　　　社）		主な子会社【1-4】
従業員数【1-5】 連結従業員数　　　名，親会社従業員数　　　名		平均年齢　　　個別：　　　　歳 平均勤続年数　個別：　　　　年 平均給与　　　個別：　　　万円
上場市場【表紙】		連結財務諸表適用会計基準及び監査法人 　　　　　　　　　　　　【監査報告書】
発行済株式数【4-1】 　　　　　　　　　　　　　　　単元（1単元　　　　株）		

大株主　【4-1】		所有者別状況　【4-1】		
①	％	＜金融機関＞	人	％
②	％	＜その他法人＞	人	％
③	％	＜外国法人＞	人	％
④	％	＜個人その他＞	人	％
⑤	％	＜合計＞	人	
会社役員【4-5】				
（会長）　　　　　　　　　　／（社長）				

【経営成績：連結】

当期の業績：前期との比較，部門・地域別の業績推移

【2-1】【5-1⑴注記（セグメント情報）】

回次	第　　期	第　　期	第　　期	第　　期	第　　期
決算年月（昇順）	年　　月	年　　月	年　　月	年　　月	年　　月
売上高（億円）					
営業利益（億円）					
経常利益（億円）					
親会社株主帰属純利益（億円）					
包括利益（億円）					
1株当たり利益（円）					
1株当たり配当（円）					
自己資本利益率（％）					
株価収益率（倍）					
従業員数（名）					

【1-1】【5-1⑴②】【4-4】

【財政状態：連結】

決算年月	前期　　年　　月	当期　　年　　月
総資産（億円）		
純資産（億円）		
1株当たり純資産額（円）		
自己資本 （＝株主資本＋その他の包括利益累計額）（億円）		
自己資本比率（％）		
有利子負債（＝長短借入金＋社債）（億円）		
営業活動によるキャッシュ・フロー（億円）		
投資活動によるキャッシュ・フロー（億円）		

財務活動によるキャッシュ・フロー（億円）		
現金等価物期末残高（億円）		
		【1-1】【5-1 (1)①】【5-1 (1)④】

【将来に関する情報】

中期経営計画と経営戦略【2-1】 【中計目標数値】 ① ② ③ 【対処すべき課題と戦略】 ① ② ③ ④ ⑤	事業等のリスク【2-2】 ① ② ③ ④ ⑤
研究開発　　【2-5】 研究開発費：　　億円（売上高比　　％）	設備投資　　【3-1】【3-3】 設備投資額：　　億円（前期：　　億円）

🔖 さらなる学習のために ―――――――――――――――――

あずさ監査法人編『有価証券報告書の見方・読み方【第9版】』清文社，2015年。
桜井久勝『財務諸表分析（第7版）』中央経済社，2017年。

決算書の見方

Key Words

安全性，収益性，成長性，時系列分析（期間比較），企業間比較，ROE

① リスクとリターン

　いま「100万円を1年間のうちにできるだけ多く増やしてください」というゲームに参加するとしたら，みなさんはこのお金をどのようにして増やすでしょうか。商才に自信のある人は，何かを仕入れて販売する事業を始めるかもしれません。くじ運の強い人は宝くじを買い続けるかもしれません。資金を増やすにはいろんな方法がありますが，ここでは銀行預金と株式投資の2つの方法に限って運用する場合を考えてみましょう。みなさんは100万円のうち，どれだけを銀行預金に回して，どれだけを株式投資に振り向けて運用しますか。

　銀行に預金をすれば元本が返済されるし，預入期間に対して利息を受け取ることができます。したがって，確実に預金額以上に資金を増やすことができます。銀行預金を中心に運用する人は，リスク（危険）をとらずに手堅くお金を稼ごうと考えているのでしょう。しかし，リスクを取らないということは，それだけ得られるもの（リターン）も少ないのが世の習いです。銀行預金のリターン（成果）は預金利息ですが，その利率は他の運用に比べれば常に低い水準にすえ置かれています。

　「虎穴に入らずば虎子を得ず」という諺のとおり，危険を冒さずして

大きな利益や成果は得られません。このことを資金運用の世界では，「ハイリスク，ハイリターン（High risk, High return）」と呼んでいます。銀行預金による資金運用を「ローリスク，ローリターン（Low risk, Low return）」とすれば，株式投資による資金運用は「ハイリスク，ハイリターン」です。株式を購入した場合，株価は毎日のように変動し，元本が確実に回収できる保証はありません。それだけハイリスクですが，その分リターンが大きいはずです。株式投資のリターンは配当と株価上昇益を加えた金額ですが，これは預金利息よりも大きいのが通例です。しかし株式は，期限内に元手以上の価格で売れるかどうかはわかりません。元本割れのリスクを常に負っているので，ゲームに勝てるかどうかは予断を許しません。

　このように資金の運用には，リスクとリターンという要素が常につきまといます。企業は株主から資金を集めて設立され，銀行から資金を借りて事業を展開します。企業に資金を貸し付けている人はリスクに強い関心を持っており，いざというときに企業に債務返済能力があるかどうかという，企業の**安全性**を知ろうとします。他方，企業に株主として出資している人は投資のリターンに強い関心をもっており，企業の利益稼得能力を示す**収益性**を知ろうとします。企業の安全性や収益性を読みとり適切な意思決定ができるように，資金提供者に提供される書類が決算書です。本章では，企業の安全性や収益性を読みとるための決算書の見方を学びます。

② 安全性の見方

　貸借対照表には，使用総資本の運用形態（資産）とその調達源泉（負債・純資産）が示されており，その科目には決算期末の時点有高が示されています。そのバランスを見れば企業の財政状態（お金のやりくり）が自ずと理解できます。それが示す財政状態いかんで，企業の**安全性**がわかります。

　使用総資本の運用形態である資産には，1年以内に現金化が見込まれる流動資産と，現金化が1年超の長期にわたる固定資産があります。流動資産には，現金預金・売上債権・有価証券などすぐに現金化できる当座資産

と，商品・製品など販売をつうじて現金化される棚卸資産があります。固定資産には，建物構築物・機械装置といった有形固定資産，商標権・ソフトウェアなどの無形固定資産があり，これらは減価償却をつうじて長期間にわたって現金化されていきます。さらに，当分の間は現金化を予定していない「投資その他の資産」があります。このように流動性（換金可能性）の違いに応じて，資産の分類が行われています。

　他方，使用総資本の調達源泉には，1年以内に返済期限が到来する流動負債，1年超の将来に返済期限を迎える固定負債，返済不要な純資産という3つがあります。

　そこで使用総資本を，流動資産，固定資産，流動負債，固定負債，純資産に区分し，使用総資本の金額を100とした場合のそれぞれの構成比を求めて図示すると，**図表7-1**に示されるように，企業の財政状態には3つのパターンがあることがわかります。

　パターンAは流動資産が負債総額を上回っており，たとえ一度に負債全額の返済を迫られても，十分に返済ができる状態を表わしています。また，返済が不要な純資産の範囲内で長期に資金を固定化する固定資産を賄っており，この面から見てもまったく不安のない財政状態といえます。

図表7-1　財政状態の主要3パターン

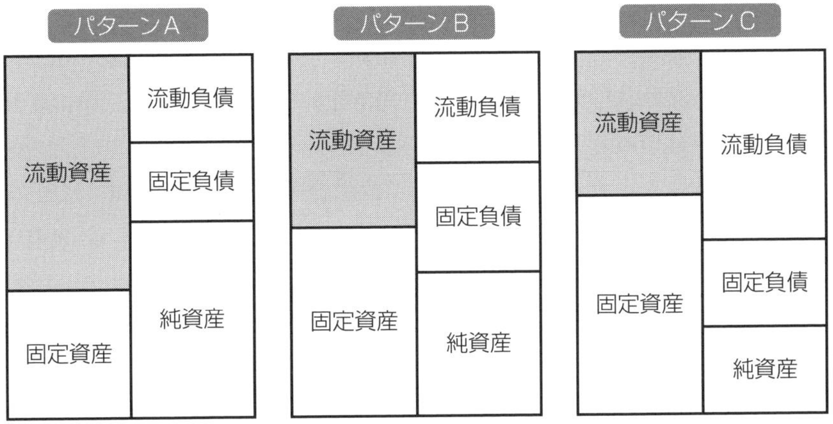

　パターンＣは，パターンＡとは逆に，１年以内に返済期限の到来する流動負債に対して，これを賄うに足る流動資産がありません。また流動負債を財源として固定資産の一部が賄われており，流動負債の全額を年内に返済するには困難が予想されます。このように負債が多すぎる場合は，有利子負債（＝長短借入金＋社債）に生じる支払利息も相当な大きさになり，本業で稼得した営業利益を利息支払いで失ってしまう恐れがあります。３つのパターンのなかで，最も安全性が低い状態が示されています。

　もし仮に利益が残らず，代わりに当期純損失が生じた場合，その分だけ純資産が減少します。純損失が純資産の期首残高を上回るまで膨らんだ場合は，「総資産＜総負債」という状態（これを債務超過といいます）になり，これ以上の銀行借入が受け付けられなくなります。債務超過を１年以内に解消できなかった場合には株式上場が廃止され，倒産が避けがたくなります。債務超過は，サッカーの試合で退場命令を指すレッド・カードを突きつけられたような最悪の状態です。このように考えると，パターンＣの財政状態はその手前のイエロー・カード（２枚でレッドカードに相当）の状態といえます。

　パターンＢの財政状態は，パターンＡとパターンＣの中間に位置します。流動負債の返済に充てるべき流動資産は足りていますが，負債全額をすぐに返済できるほどの潤沢な流動資産がない状態です。固定資産が，固定負債および純資産という長期の財源によって賄われているため，３つのなかでは中程度の安全性を示す財政状態と位置付けられます。このように貸借対照表の示す財政状態がどのパターンに該当するかを見れば，企業の安全性の度合いを見極めることができます。

　長期の安全性を示す代表的な指標に，自己資本比率があります。自己資本とは，株主資本に「その他の包括利益累計額」を加えたもの（＝純資産から非支配株主持分と新株予約権を除いたもの）をいいます。そして，これが総資産に占める割合が自己資本比率です。自己資本は返済不要の財源ですから，自己資本比率が高ければ高いほど安全性が高いといえます。日本企業（金融・保険を含む資本金10億円以上の企業5,067社）の自己資本比率

は45％（2017年度平均値）です。これが60％を上回る企業は有利子負債がほとんどないと考えられます。このような企業は，「無借金企業」と呼ばれます。逆に，これが10％を割り込むような場合（**パターンＣに相当**）は有利子負債が相当に多いため，支払利息によって経営が相当圧迫されると考えられます。

③　収益性の見方

　損益計算書は，収益と費用の期間合計値を対比して，企業経営の成果（利益）を示すことがその目的です。その利益計算は，本業の営業活動による成果を計算する営業利益計算，これに営業外の財務活動による成果を加えて求める経常利益計算，さらに臨時異常な損益や税金費用を加減して株主に帰属する利益を求める純利益計算に区分できます。

　企業はまず，自社で生産した製品や他社から仕入れた商品を販売し，売上総利益（＝売上高−売上原価）を獲得します。ここからマーケティングや研究開発活動，本社の活動にかかわる諸経費（これを「販売費及び一般管理費」，略して「販管費」と呼びます）を差し引いて，営業利益（＝売上総利益−販管費）を求めます。このように求められた営業利益は，企業の本業の**収益性**を示すと考えられます。

　企業が営業活動に必要な資金を有利子負債で賄っている場合，支払利息といった営業外費用が生じます。他方，企業に余剰資金が生じると，これを預金や貸付金，あるいは有価証券として運用します。その場合，受取利息や受取配当などの営業外収益が稼得できます。このような営業外の収益・費用が営業利益に加算・減算され，経常利益（＝営業利益＋営業外収益−営業外費用）が計算されます。経常利益は，臨時異常な事態を例外として除いた，正常な状態での収益力を示しています。

　次に，臨時異常な事態や前期損益の修正によって生じた特別利益・特別損失を経常利益から加減して税引前当期純利益が計算され，ここから税金費用を差し引いて当期純利益（＝経常利益＋特別利益−特別損失−税金費用）

が求められます。当期純利益は株主に帰属すべき利益であり，株主へ配当される部分と利益剰余金として企業内部に留保される部分とに分かれます。当期純利益は，株主の立場から見た収益性を示すものといえます。

　このように損益計算書では段階的な利益計算が示されています。これをひも解いていくと，どのような要因の組み合わせによって当期純利益（最終利益ともいいます）が生み出されたのか，そのストーリーがわかります。収益合計（＝営業収益＋営業外収益）を100として，営業収益，営業費用，営業外収益，営業外費用，経常利益の構成比を求めて損益計算書を図示すると，**図表7-2**のように3つのパターンに分類できます。いずれも営業利益が黒字であることを前提として，収益性の異なる3つのパターンを示しています。

　パターンDの損益計算書では，営業外収益が営業外費用を上回っています。豊富な余剰資金（預金・貸付金・有価証券）が生み出す受取利息・受取配当によって，営業利益を上回る経常利益が計上されています。豊富な余剰資金は過去の利益の蓄積によるものであり，その貸借対照表は**図表7-1**の**パターンA**のような財政状態を示すものと考えられます。

図表7-2　経営成績の主要3パターン

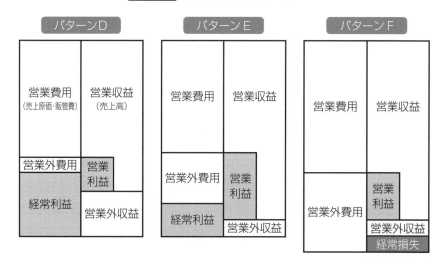

これに対して**パターンE**の損益計算書では，営業外費用が営業外収益を上回っています。有利子負債（借入金・社債等）に対する支払利息が営業利益の一部を食いつぶして，経常利益が営業利益よりも少なくなっています。有利子負債がある程度多いことが推測され，その貸借対照表は**パターンB**のような財政状態を示すものと考えられます。

　パターンFの損益計算書では，営業外費用が「営業利益プラス営業外収益」を上回っています。そのため，経常利益ではなく経常損失が計上されています。期せずして，支払利息を上回るだけの営業利益を上げられなかったということです。営業利益に比べて有利子負債の支払利息が過重であることを示しており，その貸借対照表は**パターンC**のような財政状態を示していると考えられます。

　パターンD，**E**，**F**という順で収益性の低下が示されています。このように収益・費用の構成が上記のどのパターンに該当するかを見れば，どのようにして経常利益（または経常損失）が生み出されているのかがわかり，収益性のありようが理解できます。収益性を示す代表的な指標には，売上高経常利益率があります。売上高に対する経常利益の割合ですが，これは企業の正常な収益力を示す指標として重視されてきました。売上高経常利益率が高いほど，高収益といえます。

　ところで収益性がよい（高い）というのは，何を意味しているのでしょうか。1つの答えは，優れた経営が行われているということです。同じ環境下で同じ事業を営む企業を比較した場合，より少ない費用でより多くの収益を上げているほうが「優れた経営」であると評価できます。もう1つの答えは，その企業が時代のニーズに適合的な事業を行っているということです。その企業の商品・サービスに顧客が喜んで高い価格を支払ってくれるおかげで，高い利益率が実現できるというわけです。2000年代に15〜50％という売上高経常利益率を上げ続けている高収益企業を見てみると，国際石油開発帝石株式会社（資源），Zホールディングス株式会社，ガンホー・オンライン・エンターテインメント株式会社（娯楽），小野薬品工業株式会社，久光製薬株式会社（医薬品），株式会社キーエンス，ファ

ナック株式会社，ヒロセ電機株式会社（機械・電機）など現代のニーズに
適合した事業を展開しており，またユニークで優れた経営で知られる企業
が並んでいます。

4   成長性の見方（期間比較）

　貸借対照表と損益計算書という１組の決算書から，さしあたり企業の現
状を理解することができます。しかし企業の将来を展望しようとすれば，
１会計期間の決算書では必ずしも十分だとはいえません。過去から現在に
至る複数期間の会計情報を比較すると，そのための有力な手がかりを得る
ことができます。同一企業の複数の会計期間を比較・分析することを，**時
系列分析**と呼んでいます。時系列分析を行うと，企業成長の規模や度合い，
またどのように成長を遂げているのか（**成長性**）を読み取ることができます。
　図表7-3は，経営成績が財政状態に与える影響を示しています。黒字経
営の場合と赤字経営の場合とでは，事態は異なります。黒字経営の場合は，
純利益（図中①）が，配当流出分（日本では25％程度）を除いて，剰余金（図
中②）となって企業内部に留保されます。期首と比べると，企業内に留保
した剰余金の分だけ何らかの資産が増大しています。逆に，赤字経営で純

図表 7-3　経営成績が財政状態に及ぼす影響

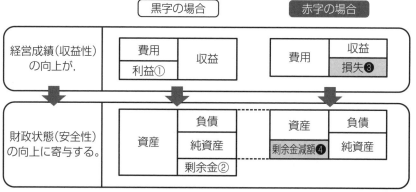

損失（図中❸）が生じた場合には，すでにその分だけ期首にあった資産が減少しているので，決算に際して剰余金をその分だけ減らしています（図中❹）。

　黒字経営が続く場合，純利益は剰余金の増大をもたらし，その分だけ新たに営業活動に使える資産が増大します。これが次期の収益（売上高）の増加をもたらし，前期より大きい純利益を生み出します。このようなサイクルを繰り返しながら，純利益・総資本（剰余金）・売上高のそれぞれが増大していくことを企業成長といい，その度合い（伸び率）が**成長性**の指標となります。

　図表7-4に示した日本電産株式会社の貸借対照表と損益計算書から，同社の 2008 〜 2018 年度の企業成長を見てみましょう。同社は，世界シェア 85％を占めるハードディスク・ドライブ（HDD）用精密小型モーターを主力製品として成長を遂げてきました。創業者会長の永守重信氏は，「すぐやる，必ずやる，出来るまでやる」という言葉どおりの頑張りで，同社を

図表7-4　**日本電産株式会社の成長性分析**

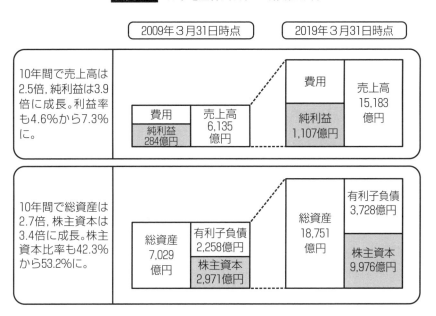

業界の世界覇者に押し上げてきました。2018年度末で同社は世界43ヵ国に進出し，319社のグループ企業と約11万人の従業員を擁し，1兆5千億円を超える売上高を上げています。

　しかしこの10年間について詳しく見てみると，必ずしも順調な成長ばかりではありません。10年前の売上高は6,135億円でしたが，その51%は精密小型モーターが占めており，その他の用途向け中型モーターは未だ13%にすぎない状態でした。それが10年後の2018年度には，精密小型モーターの比重が29%に低下する一方，車載モーター（20%）と家電用・商業用・産業用モーター（35%）が大きく伸びています。どのようなわけで，このような変貌が生じたのでしょうか。

　同社は創業以来パソコンやHDDの普及という追い風に乗って精密小型モーターの売上を順調に伸ばしてきたのですが，この10年間にスマートフォンやタブレットが情報処理端末の主役として台頭してきました。それによってHDDの需要が頭打ちになると，精密小型モーターに大きく依存していた同社の成長は鈍化します。他方で，「動くもの，回るもの（駆動技術製品）」を事業ドメインに掲げる同社にとって，別の事業機会を提供してくれる技術革新の大波が迫ってきました。①クルマの電動化・電気自動車への移行，②ロボット化，③省エネ家電・省電力化，④ドローン・物流革命の到来です。このような変化を読み取った永守会長は，2012年を節目として大胆な構造改革に取り組みました。得意とするM&Aも駆使しながら，きわめて短期間で中・大型の駆動技術製品の強化を図ったのです。

　結果として，この10年間の日本電産株式会社の売上成長は約2.5倍（年率換算で10%）になり，市場変化への迅速な対応が功を奏して純利益率も向上したため，利益成長は3.9倍になりました。そして，利益剰余金は2,130億円（総資産比30%）から9,016億円（総資産比53%）へと4.2倍に伸びました。おかげで株主資本比率も10ポイント超の上昇を示し，有利子負債への依存割合も32%から20%へと急減しました。環境変化に対応した攻めの展開が，収益性や安全性の改善向上とともに，将来につながる企業成

長をもたらしたのです。

5　事業構造の違い（企業間比較）

　期間比較に加えて他企業（同業他社や異業種）との比較を行うと，さらにいっそう現状を精確にとらえることができます。**図表 7-5** の損益計算書は，売上高を 100 として各種費用・利益を百分比で表わしたものです。S 社，T 社，M 社は製造業に分類される企業，F 社は流通業に分類される企業です。表中の「製造業平均」は上場メーカー 1,001 社の平均値ですが，売上高を 100 とすれば，売上原価が 74，売上総利益が 26，販管費が 19，営業利益が 7 という割合になっています。ものづくりを行う製造業では，製造に要した費用（原材料費・労務費・経費）が売上原価に計上されており，これが総費用の中で相対的に大きな比重を占めるのが通例です。これに対して S 社（化粧品），T 社（医薬品），M 社（ソフトウェア）は，製造業一般とは異なり，きわめて売上原価が小さくなっています。なぜ売上原価が小さいのかといえば，これらの企業の製品は原材料が安く，加工度も低い

図表 7-5 損益計算書に見られる事業構造の特徴

	製造業平均	S社	T社	M社	F社
決算期	2017 年度	18年12月	19年03月	18年06月	18年08月
会計基準		日本基準	国際基準	米国基準	国際基準
売上高	100	100	100	100	100
売上原価	74	21	31	34	51
売上総利益	26	79	69	66	49
販管費	19	69	61	32	37
営業利益	7	10	7	34	12

（注）　国際基準を用いている企業は，上掲の「販管費」に，別建て計上されている研究開発費等を含んでいます。また上掲の「営業利益」には，国際基準に固有の「その他の営業収益」「その他の営業費用」を含みません。日本基準の「営業利益」に合わせて調整をしています。

（出所）　「製造業平均」は日本政策投資銀行編『産業別財務データハンドブック 2018』日本経済研究所，3 頁より。

ということがあります。他方，それが高く売れるのは，その製品が持つ効能に消費者が高い価値を認めているからです。

S社，T社，M社は売上原価が小さい分，売上総利益が大きいのですが，各社ともそれ相応の販管費がかかり，それが功を奏して売上高の向上に寄与した場合には，大きな営業利益がもたらされます。製造業は一般に，製品を「創って」，「作って」，「売る」という活動をしています。製造業平均に比べてS社は「売る」（Marketing）ことにコスト（売上比29%）がかかっています。T社は「創る」（R&D）ことにコスト（売上比18%）がかかっています。M社はMarketing（売上比13%）とR&D（売上比14%）の両方にコストがかかります。他方，流通業のF社（小売り）は製造委託した商品を全量安く買い上げ，これを「売る」ことが仕事になっています。店舗にかかるコスト（売上比11%）や販売にかかるコスト（売上比13%）がすべて販管費に計上されます。これらの企業は，これらの販管費を賄うために，製造業平均に比べて相対的に大きい売上総利益を稼いでいます。ちなみに各社は，S社（株式会社資生堂），T社（武田薬品工業株式会社），M社（Microsoft Corporation），F社（株式会社ファーストリテイリング）です。このように他企業と比較をすることで，各企業の事業構造の違いや戦略の違いが明らかになります。

図表7-6の貸借対照表は，総資産を100として各種資産・負債を百分比で表わしたものです。「製造業平均」とは，上場メーカー1,001社の平均値です。N社，M社，Z社，O社はすべてサービス業に分類される企業です。ここに取り上げた各社とも固定資産（なかでも有形固定資産）の比重が大きいのが特徴です。また，各社ともサービス販売を本業としているので棚卸資産がありません（サービスは在庫できないからです）。棚卸資産があるとすれば，それは付随事業に関するものです。そのため流動資産が比較的少なくなっています。各社の提供しているサービスは，N社（鉄道），M社（不動産），Z社（空運），O社（娯楽）です。この種のサービス業に共通しているのは，サービスを提供する以前に膨大な設備投資（先行投資）が必要だということです。そして，そのための資金は株主資本だけでは足

図表7-6 貸借対照表に見られる事業構造の特徴

	製造業平均	N社	M社	Z社	O社
決算期	2017年度	19年03月	19年03月	19年03月	19年03月
会計基準		日本基準	日本基準	日本基準	日本基準
流動資産	44	14	19	26	42
棚卸資産	8	3	6	2	2
固定資産	56	86	81	74	58
有形固定資産	17	76	71	58	49
総資産	100	100	100	100	100
流動負債	32	19	12	25	15
固定負債	17	45	54	33	24
純資産	48	36	34	41	76

（出所）「製造業平均」は日本政策投資銀行編『産業別財務データハンドブック 2018』日本経済研究所，3頁より。

りず，長期借入金や社債などの固定負債によって賄っています。その結果，安全性の低下が見込まれるのですが，各社のサービスは休みなく提供されており，その消費と同時に代金の入金があるため，資金的に行き詰まるという心配はありません。また，各社のサービスは立地と結びついているため独占性が高く，特定の顧客にとっては必需品でもあるので，相応の需要が確実に見込まれます。つまり，売上も利益も手堅く稼げるというわけです。経営上大切なことは設備を遊ばせないということであり，そのために集客を時間的に分散させて常に一定の利用率（密度）を確保する工夫をしています。このような経営がうまくできると収益性が高まり，借入返済のスピード・アップが図れるのですが，現状ではO社だけが借入依存を脱することができています。

　ちなみに各社は，N社（西日本旅客鉄道株式会社），M社（三菱地所株式会社），Z社（全日本空輸株式会社），O社（株式会社オリエンタルランド）です。三菱地所株式会社はオフィスビルの賃貸が主要な事業ですが，居住用マンションなど販売用不動産を保有しているので，ある程度の棚卸資産があります。

⑥　ジョブズの構想力（見えない資産）

　アップル（米国：Apple Inc.）は創業者スティーブ・ジョブズが1997年に経営者に復帰して以来，デスクトップPC「iMac」（1998年），ノートPC「iBook」（1999年），音楽管理ソフト「iTunes」（2001年），携帯音楽機器「iPod」（2001年），ノートPC「MacBook」（2006年），スマートフォン「iPhone」（2007年），ノートPC「MacBook Air」（2008年），タブレット「iPad」（2010年）と，たて続けにヒット商品を連発してきました。とくに，高機能携帯電話，音楽プレイヤー，インターネット端末を兼ね備えたiPhoneは，「電話の再発明」とジョブズが表現したように，いつでもどこでも音声・映像を移送・共有・視聴できる画期的商品でした。

　これらの商品は世界各地のアップル・ストアでの感動体験を経て，ユーザのデジタル生活を一新しました。このようなイノベーションによって，アップルの株価上昇にも勢いがついてきました。iPhoneが発売された事業年度，2008年8月13日のアップルの株式時価総額は1,588億ドルになり，グーグルの時価総額を追い抜きました。同年9月29日に決算を迎えましたが，その決算数値は売上高が324億ドル，純利益が48億ドル，株主持分が210億ドルでした。この株主持分に対して約7.5倍の時価総額がついていたわけです。これは気の早い投資家たちが将来のアップルの企業価値の上昇を見越して，先物買いをしていたということです。投資家はこの時点で，アップルの貸借対照表の背後に，「株主持分×6.5倍」（＝株式時価総額−株主持分額）という，「見えない資産」が潜んでいるとみなしていたのです。

　「見えない資産」の正体については，卓抜したデザイン力，自在な製造を可能にするIT関連特許，デザインを製品に結実させる製造技術などさまざまな要素が考えられますが，このような資産を顧客の待望する製品にまとめあげる経営者ジョブズの構想力こそが，何よりもかけがえのないアップルの「見えない資産」といえるでしょう。ジョブズの構想どおりアッ

プルがこれからも画期的な製品を出し続けるなら，その株主持分が今の 7.5
倍になる日もそう遠くはないと考えられたのです。実際は，どうだったの
でしょうか。2018 年度決算では，売上高が 2,655 億ドル（08 年度比 8.2 倍），
純利益が 595 億ドル（08 年度比 12.3 倍）となり，株主資本は 1,071 億ドル（2008
年度の 5.1 倍）に達しています。またその株式時価総額は 2010 年 5 月 26
日にマイクロソフト（米国：Microsoft Corporation）を追い抜き全米一（2,221
億ドル）となった後も増え続けて，2019 年 3 月末には 8,530 億ドルになっ
ています。

　ジョブズの構想力のように，どの企業にもこのような「見えない資産」
があります。それは会計情報の限界に由来します。会計情報には，①金額
情報，②定量化できる情報，③過去情報という特徴があるため，金額に変
換できない物事，定量的に測定できない物事，未来にかかわる出来事につ
いては，これを決算書に計上できないのです。ここに，会計情報の限界が
あります。たとえば，（Ⅰ）ヒトにかんする優位性（例：卓越した経営者や
優秀な企業組織の存在），（Ⅱ）モノにかんする優位性（例：人気ブランドや
独占的技術の保有），（Ⅲ）外部環境にかかわる優位性（例：模倣困難な競争
優位やかけがえのない立地の占有），（Ⅳ）未来に結実する優位性（例：研究
開発プロジェクトや企業買収案件）などは，企業の収益性に極めて重要な影
響を及ぼしますが，これを決算書に直接的に反映させる術がありません。
これらの優位性は高い利益率や著しい企業成長という形をとって，ある程
度までは現在の決算書に反映されていますが，多くは事後的に将来の決算
書に表われます。証券アナリストやプロの投資家は独自のアンテナを張っ
て，これらの重要な経営情報を誰よりも早く収集しようとしています。

　決算書を読むということは，会計情報に集約されている企業経営の現実
を理解するということです。キヤノン株式会社会長 CEO の御手洗富士夫
氏は，「決算書の動きを見て，その背後に蠢く人や物や金の動きに思いを
馳せると，なまじの小説よりずっと面白いドラマに見えてくる。数字の動
きの中に短編・長編の物語を描くことが経営だ」と言っています。みなさ
んも興味ある企業の決算書を読み込んで，企業経営のドラマを味わってみ

てください。

7　株主は ROE を見る

　『会社四季報』には，決算書の主な会計情報に加えて，「ROE（%）」「ROA（%）」という指標が掲載されています。貸借対照表と損益計算書を総合的に見るときには，ROE や ROA を使います。**ROE**（Return On Equity）とは，自己資本・株主持分（Equity）に対する当期純利益（Return）の割合をいいます。ROE は，株主の持分である自己資本に対し，そのリターンである純利益がどれだけ生み出されたのかを示すもので，「株主にとっての収益性」を表わす総合指標ということができます。これに対して ROA（Return On Asset）とは，総資本（Asset）に対する当期純利益（Return）の割合をいいます。ROA は，企業（経営者）が使用している総資本に対して，リターンである純利益がどれだけ生み出されたのかを示しており，「企業（経営者）にとっての収益性」を表わす総合指標ということができます。

　図表7-7 には，金融危機直前（2007 年頃）の上場企業平均の損益計算書と貸借対照表が示されています。好景気のピーク時の数値で，ROE は 9 %に達しています。ROE は金融危機でいったん 2 %前後に落ち込み，今は

図表 7-7　金融危機直前（2007 年頃）の上場企業平均の損益計算書・貸借対照表

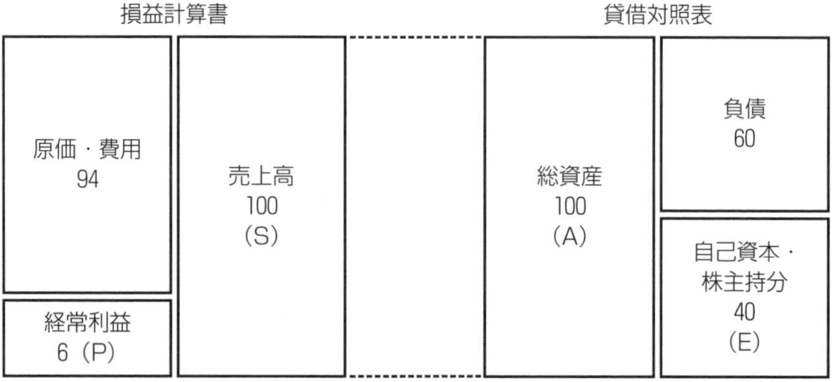

その復活途上にあります。さて，この ROE ＝ 9 ％は，どのような計算に基づくものでしょうか。ROE の分子である純利益は，経常利益（P）から税金費用 40 ％（当時）を差し引いて求められることに注意して，次の式を理解してください。

ROE ＝ 純利益 / 自己資本＝ 0.6P/E ＝ 0.6 × 6 ÷ 40 ＝ 0.09（＝9％）

これと同じようにして，ROA を求める式も示しておきましょう。

ROA ＝ 純利益 / 総資本＝ 0.6P/A ＝ 0.6 × 6 ÷ 100 ＝ 0.036（＝3.6％）

ここから，企業の使用総資本に対して 3.6 ％，株主が提供している自己資本に対しては 9 ％のリターンが上がっていることがわかります。年金基金などの機関投資家の声をまとめた「伊藤レポート」（2014 年 8 月）では，「ROE ＝ 8 ％以上」を企業経営の目標として掲げており，企業もこの数値を 1 つのベンチマーク（目標）として，これを上回る業績をめざす中期経営計画を立てています。この目標を達成するために活用されるのが，上記の式を分解した次のような計算式です。

ROE ＝純利益 / 自己資本
　＝ ROA（0.6P/A）×財務レバレッジ（A/E）
　＝売上高純利益率（0.6P/S）×資本回転率（S/A）×財務レバレッジ（A/E）
　＝（0.6 × 6 ÷ 100）×（100/100）×（100 ÷ 40）
　＝ 3.6％× 1 回転× 2.5 倍

この式から，ROE は売上高純利益率，資本回転率，財務レバレッジの 3 つの要素によって決まることがわかります。売上高純利益率は売上高に対する純利益の割合をいい，お金をかけた原価や費用に対して，どれだけ大きな売上高（収益）を上げることができたのかを示しています。企業が新製品開発や新市場開拓に余念がないのは，より高い利益率を目指してい

るからに他ありません。その目標水準は，さしあたって前回ピーク時の６％程度（経常利益率）であると考えられます。

　資本回転率とは使用総資本が売上をつうじて回収された回数をいい，棚卸資産（商製品）や有形固定資産（工場や店舗）などの事業用資産をどれほど有効に活用しているかを表わしています。上場企業平均は年間約１回（総資産と売上高がほぼ同額）で，これは資産に投じられている資金が１年間で回収されていることを示しています。資本回転率を向上させるためには，正確な需要予測にもとづいて適切な設備投資を行うとともに，無駄な在庫をもたないように経営上の工夫をする必要があります。

　財務レバレッジは自己資本に対する総資本の倍率をいい，この倍率が大きいほどROEの向上に寄与します。つまり，株主のお金である自己資本を節約したほうが，ROEの向上にとって良いということです。高収益企業は自己資本が増える傾向にあるので，最近では自社株買い（資本の払戻し）を行う企業が増えています。他方，海外企業のM&Aなどで資金需要が旺盛な企業では，低金利環境を利用して社債発行を行うなど，負債を活用した資金調達を進めています。

　つまるところ，できるだけ資本を節約して（＝小さな貸借対照表で），より多くの売上と利益を上げること（＝大きな損益計算書を達成すること）ができれば，ROEの向上が図れるということです。

　ROEの高い企業は投資家の人気を博し株価も上昇します。ROEが株価上昇に貢献するのは，次のような式を見れば明らかです。

PBR ＝株式時価総額 / 純資産
　＝ ROE（純利益 / 自己資本）× PER（株式時価総額 / 純利益）
　　　　　※　「純資産＝自己資本」と前提しています。

　ここでPBR（Price Book-value Ratio）とは，株式時価総額が純資産（＝自己資本）の帳簿価額の何倍であるのかを計算したもので，株価純資産倍率と呼ばれます。前節でみたように，これは将来の成長に対する投資家の評価を表わしています。またPER（Price Earnings Ratio）は株式時価総額

が純利益の何倍かを計算したものであり，株価収益率と呼ばれます。これは株価の割安・割高を判断する指標で，効率的な市場では市場平均や業界平均に収束する傾向があります。そのため ROE が向上すれば株価（PBR）が上がると考えられており，投資家は ROE に注目しているのです。なお『日本経済新聞』では，「クローズアップ日経平均株価」という記事で，日経平均に組み込まれた企業の PER，PBR，株式時価総額を毎日更新しています。株式投資を考えるときには，大いに参考になります。

❓ Exercise ●●●●●●●●●●●●●●●●●●●●●●●●●●●●●●●●

❶　興味ある企業とライバル企業を取り上げて，その安全性について比較してみましょう。

❷　興味ある企業とライバル企業を取り上げて，その収益性について比較してみましょう。

❸　興味ある企業とライバル企業を取り上げて，その成長性について比較してみましょう。

❹　興味ある企業とライバル企業を取り上げて，ROE と ROA を比較するとともに，なぜ一方が他方よりも勝っているのか，その原因について調べてみましょう。

📖 さらなる学習のために

桜井久勝『財務諸表分析（第 7 版）』中央経済社，2017 年。
大津広一『経営分析入門』ダイヤモンド社，2009 年。
山根節・太田康広・村上裕太郎『ビジネス・アカウンティング（第 4 版）』中央経済社，2019 年。

第 **IV** 部

管理会計のキホンを学ぼう！

　これまで，財務会計と経営分析の基本について学習してきました。＜第IV部　管理会計のキホンを学ぼう！＞では，管理会計について学習し，管理会計が何を対象としているのか，どのようなものなのかを理解していただきたいと思います。

　企業が存続し，社会に役立つものを提供しつづけるためには，一定の利益を安定的に得ることが重要です。そこでまず第8章では，企業がどのような目的で，どのような原価情報を作成・活用しているのか，について原価計算および損益分岐点分析を紹介します。そして，第9章では，企業が安定的に利益を得るために管理会計がどのように用いられているかについて，その中心的課題である利益管理，予算管理に注目します。

原価計算：原価の分類と その活用

Key Words

原価計算，製造原価の分類，配賦，変動費，固定費，損益分岐点分析

1　原価と原価計算

　本章では，原価計算の基礎を学習しながら，企業経営における原価情報の有用性について取り上げ，以下の2つの論点を中心にみていきます。1つ目は，売上原価の算定のためにどのような原価情報がどのように用いられるのかということ，そして，2つ目に利益計画の策定や利益構造の分析のために，どのような原価情報がどう利用されるのかということです。主にこの2点に焦点を当てながら，原価計算の基礎作りをしていきましょう。

　原価計算の前に，すでに学習した内容から営業利益の計算プロセスを今一度，復習しておきましょう。企業が経済活動を継続して行うためには，営業活動や財務活動から利益を生み出す必要があります。企業の本業（営業活動）からの儲けを表わす利益概念は，営業利益と呼ばれます。営業利益は，営業活動の成果である売上高から，売上原価，そして販売費及び一般管理費を差し引いて求めることができます。原価および原価計算の知識は，損益計算におけるこれらの費用を評価するときに不可欠であるとともに，企業を経営する観点からも重要な知識となります。本章では，こうした原価計算の基礎的内容に触れます。

（1）　原価計算とその目的

　原価は，一定期間の収益を獲得するために犠牲となった経済的価値のことで，現金支出とは関係なく計上されます。これは，昭和37年に企業会計審議会において制定された「原価計算基準」が示している原価の考え方を反映したものです。少し難しい用語になりますが，原価計算基準によれば，原価とは「経営における一定の給付にかかわらせて，把握された財貨または用役の消費を，貨幣価値的に表わしたもの」として定義されます。なお，ここで給付とは，企業が提供する製品やサービスを指していると考えればよいでしょう。

　原価計算とは，一会計期間に要した原価を計算することおよびその手続きを主に指します。さきほどの定義に照らしていえば，製造業であれば，企業が生み出す製品とかかわらせて，どれほどの財貨や用役を消費したのか，さまざまな方法によって計算するわけです。こうして計算された原価情報は，最終的に損益計算書などの財務諸表などに計上されます。原価計算の主たる目的の1つは，財務諸表を作成するために必要な原価情報を提供することなのです。なお，このように売上原価の基礎となる製品原価を算定する目的で実施される原価計算は，多くの企業で反復的かつ経常的に行われるため，**原価計算制度**（あるいは，**制度としての原価計算**）と呼ばれています。

　それでは，企業は，財務諸表を作成するためだけに原価計算を行っているのでしょうか？　答えはノーです。原価計算の目的は，**財務会計目的**と**管理会計目的**という2つの目的に大別されます。上に述べた財務諸表の作成が，財務会計的な目的の代表例になります。そして，企業内部の経営管理のための会計を管理会計と言いますが，9章で学習する利益管理・予算管理において必要な原価情報を提供することが管理会計目的の代表例となります。他にも，価格決定や原価管理，経営基本計画の策定などの管理会計実践のために原価情報を用いることがあります。

(2) 製品原価と期間原価

　企業会計では，総原価を**製造原価**と**期間原価**という2つに大きく分けて考えます。製造原価とは，その名の通り製品を製造するために要した原価のことです。サービス業であれば，サービス原価ということもできますが，ここでは製造業に限定して話をします。製造原価は，製品を製造するための原価ですので，製品に集計されます。なお，ある期間に要した製造原価を製造した製品数で割るなどの計算をすれば，製品1個当たりの製造原価がいくらになるのかが判明します。最終的に，製品原価は，その製品が販売されることによって売上原価となります。これに対して，販売費及び一般管理費は，期間原価となります。期間原価とは，特定の期間でもって認識・測定される原価です。

　少し具体例を挙げましょう。私たちの生活に馴染みのあるパンの製造・販売を行う架空企業の事例を用いて，製造原価と期間原価の違いを明確にしながら，1ヵ月の利益計算を考えてみましょう。

　パンの製造・販売をするためには，パンを作るために必要な原料（小麦粉や卵，バターなど）の仕入れが必要です。また，パン職人や販売員に対する給与（給料や賃金など）の支払い，厨房設備の減価償却費や光熱費など，さまざまな原価が発生します。

　まず，製造原価を把握するためには，パンの製造のためにいくらの原価を要したのか，を計算する必要があります。パンの製造工程でどれだけの資源が消費されたのかを集計することによって，製品1単位当たりの製造原価（つまり，パン1個当たりの製造原価）を算定します。1,500個のパンを作るのに，90,000円の資源を要したとすれば，1個当たりの製造原価は60円となります。そして，この内1,200個が売れたとしたら，売上原価は72,000円となります。つまり，パンの製品原価を計算することによって，当期に販売された製品にどれだけの製造原価がかかっているのか，つまり売上原価を計算することができるのです。なお，上記の計算例は在庫がない簡略な場合を想定しているので，在庫がある場合は，もう少し複雑な計

算となります。

　次に，販売費及び一般管理費とは，パンの販売活動やパン屋さん全体（企業全体）としての管理活動に関連した費用です。具体的には，販売員や事務スタッフの給料や販売店舗の賃借料，水道光熱費，通信費などが該当します。前述のように，これらの費用は期間原価として計上されます。つまり，一定の期間（1ヵ月や1年間など）の間に，どれだけの費用を要したのかを計算します。たとえば，販売店の家賃（賃借料）が1ヵ月当たり120,000円だったとすると，1年間で144万円を計上することとなります。その他の費用も同様ですが，もし前払いや後払いが生じた場合などは，実際の営業期間と支払期間を調整して，実施の営業に要した分だけが費用となります。つまり，売上原価も販売費及び一般管理費も，その発生を一定期間の収益と対応させて集計するという**費用収益対応の原則**に沿って計算されるわけです。

② 製造原価の分類

(1) 形態別分類

　ここからは，主に製造原価の計算に焦点を当てて，その分類や活用法について見ていきましょう。代表的な製造原価の分類として，**材料費，労務費，経費**という区分があげられます。材料費は，物品（モノ）の消費によって生じる原価を指します。「消費」という言葉の意味をイメージしにくければ，製造のために用いられること，だと考えればよいでしょう。製品の素材や原料，部品など，文字どおり製品の材料となる物品の消費額が材料費となります。製パン業を例に挙げれば，小麦粉やバター，砂糖などの原料の消費額が主要な材料費になるでしょう。なお，詳細は省きますが，比較的少額の器具や工具類も材料費に計上されます。

　次に，労務費は，労働力（ヒト）の消費によって生じる原価を指します。たとえば，パン工場で働く職人さんなどの賃金，各種の手当などが労務費

に含まれます。経費は，材料費・労務費以外の原価を指します。工場では，生地の捏ね上げに用いるミキサー，発酵のための焙炉（ほいろ），焼成に用いるオーブンなど各種の製造設備が必要ですが，これら設備の減価償却費をはじめ，水道光熱費，通信費，賃借料などが該当します。なお，材料費・労務費・経費という分類は，原価の形態に着目した区分であることから，原価の形態別分類と呼ばれます。

（2）　製品との関連における分類

　製造原価を算定するためには，形態別分類に加え，特定の製品との関連性によって，原価を直接費と間接費に区分する必要があります。直接費とは，特定製品の製造のためだけに消費された原価のことを指し，製品ごとに直接集計することができる原価です。一方，間接費とは，工場全体あるいは複数の製品に共通して消費された原価のことを指し，個々の製品に直接集計することが困難な原価となります。

　実際の企業会計では，形態による3つの原価分類（材料費，労務費，経費）と製品との関連による2つの分類（直接費，間接費）を組み合わせて，**図表 8-1** のような6種類の原価分類を用いて製造原価の計算を行います。

図表 8-1　製造原価の分類

	直接費	間接費
材料費	直接材料費	間接材料費
労務費	直接労務費	間接労務費
経費	直接経費	間接経費

③　製造原価の計算プロセス

　もう少し具体的な例で説明しましょう。いま，パン工場でロールパンとクリームパンの２種類の製品を製造しています。製品を製造するためには，小麦粉，砂糖，バター，水，塩などの原料が必要ですが，各原料の単価と数量（単価いくらの原料が何グラム必要なのか）を，製品別に直接把握することが可能です。このような材料費を直接材料費と言います。同様に，労務費に関しては，職人さんが各製品を製造するために何時間作業したかを計測することが可能です。そして，それぞれの製品を作るために要した作業時間に賃率を乗じることで，製品ごとの労務費を直接把握することが可能です。これを直接労務費と言います。なお，賃率というのは，時間当たり賃金のことで，アルバイトの時給を思い浮かべるとよいでしょう。

　それでは，実際に下記の簡単な事例に基づいて，ロールパンとクリームパンそれぞれの直接材料費，直接労務費を求めてみましょう。なお，実際にパンを作る際には，たくさんの原料が必要でしょうが，以下では単純化のため１種類の原料に限定して議論をすすめます。原料の種類が増えても，基本的な考え方は同じです。

〔設例１〕

　当工場では，月初に原料200kgを120,000円で購入した。このうち原料72kgを消費して2,400個のロールパンを製造した。また同じ原料84kgを消費して，1,200個のクリームパンを製造した。なお，月初時点で原料の在庫はなかったものとする。このとき，各製品の直接材料費はいくらになるだろうか。

　まず，原料の単価を求めておきましょう。原料の購入価格である120,000円を購入量の200kgで除算することで，原料１g当たり0.6円であることがわかります。ロールパンを製造するために72,000g，クリームパンを作るのに84,000gを消費しているので，それぞれの消費数量に消費単価を乗じることで直接材料費を計算することができます。**図表8-2**のよ

うに直接材料費は，ロールパンが 43,200 円，クリームパンが 50,400 円となります。なお，この金額は 1 個当たりの材料費ではなく，当月の製造数量全体に対する直接材料費であることに注意が必要です。

図表 8-2 直接材料費の計算

	消費数量	消費単価	直接材料費
ロールパン	72,000g	0.6 円/g	43,200 円
クリームパン	84,000g	0.6 円/g	50,400 円
直接材料費合計	156,000g	0.6 円/g	93,600 円

〔設例2〕

> 当月は，工場全体で 110 時間の直接作業時間を消費した。このうち 70 時間は，ロールパン 2,400 個を製造するために消費し，また 40 時間は，クリームパン 1,200 個を製造するために要した。直接工の賃率は 1 時間当たり 900 円である。このとき，各製品の直接労務費はいくらになるだろうか。

　次に，各製品の直接労務費を算出していきましょう。当月はロールパンの製造のために 70 時間，クリームパンの製造のために 40 時間の直接作業時間が消費されたとあります。また賃率は 1 時間当たり 900 円です。なお，工場等で直接作業を主に行う工具のことを一般に直接工と呼びます。製品ごとの直接労務費は，各製品の製造に要した直接作業時間に賃率を乗じることで求めます。**図表 8-3** のように，ロールパン（2,400 個）の製造に消費した直接労務費は 63,000 円，クリームパン（1,200 個）の製造に要した直接労務費は 36,000 円となります。

　経費は，材料費・労務費以外の原価を指しますが，特定の製品に直接集計可能なものだけが直接経費となります。これらの経費が発生する場合には，当該期間の消費額を計上します。この事例においては，直接経費は発生していないものとして省略します。

図表 8-3 直接労務費

	直接作業時間	賃率	直接労務費
ロールパン	70 時間	900 円 / 時間	63,000 円
クリームパン	40 時間	900 円 / 時間	36,000 円
直接労務費合計	110 時間	900 円 / 時間	99,000 円

　以上，直接費の集計が終わりました。次に間接費の計算を行います。直接費は製品との関連が明確であるため，各製品に直接集計することが可能です。これに対して，間接費とは工場全体あるいは複数の製品に共通して消費された原価であるため，特定の製品に直接跡づけることができない製造原価でした。本事例では，ロールパンやクリームパンの両方に共通して消費されたため，それぞれに対して，どれくらいの原価が消費されたのか，明確にはわからない原価となります。具体的には，工場の電気代やガス代は間接費（間接経費）に該当します。工場全体でかかった電気代のうち，いくらがロールパンで，いくらがクリームパンのために費やされたのか，明確に分けることはなかなか難しいでしょう。工場で利用する通信費や，両製品に共通して使用する釜やミキサーなどの製造設備の減価償却費なども同様です。

　そこで，間接費を各製品に集計するためには，何らかの合理的な基準を用いて，各製品に原価を割り振る手続きをとります。この原価配分の手続きを「**配賦**」といい，間接費を配賦する際に用いられる基準を「**配賦基準**」といいます。実際に利用される配賦基準はさまざまですが，売上高や直接費などの割合に応じて間接費を按分する方法や，生産数量や直接作業時間，機械運転時間などの物量基準によって按分する方法があります。ここでは，生産数量を基準とした配賦によって各製品の間接費を求めてみましょう。

〔設例3〕

> 当月の間接費は，製造設備のメンテナンスに要した45,000円，製造設備の減価償却費144,000円が該当し，その総額は189,000円であった。今月の各製品の生産数量（ロールパン2,400個とクリームパン1,200個）を配賦基準として，製品ごとの間接費配賦額を求めてみよう。

　生産数量を基準として間接費の配賦額を求めるということなので，まず，製造間接費総額を配賦基準総量（総生産数量）で除することによって，数量1個当たり間接費を求めましょう。ここでは，189,000円/3,600個を計算することによって，製造間接費は1個当たり52.5円となることがわかります。これを製造間接費の**配賦率**といい，配賦率に各製品の生産数量を乗じることによって，製造間接費を各製品へ按分することができます。すなわち，各製品の製造間接費配賦額は，下記の**図表8-4**のように，ロールパンが126,000円，クリームパンが63,000円であると評価できます。

図表8-4　生産数量を配賦基準に用いた場合の製造間接費

	生産数量	製造間接費	配賦計算
ロールパン	2,400個	126,000円	（189,000円/3,600個）×2,400個
クリームパン	1,200個	63,000円	（189,000円/3,600個）×1,200個
合計	3,600個	189,000円	

　ここでは，生産数量によって配賦するという計算手続きを紹介しましたが，考えられる配賦基準は，必ずしも生産数量だけではありません。売上高や製造設備の運転時間などによって配賦することも可能です。たとえば，製造設備の運転時間が，ロールパンは248時間，クリームパンが372時間であったとしたら，上記の計算結果はどうなるでしょうか？　原価の計算プロセスが変わってくれば，製造原価の計算結果も変わりますし，結果として計算される製品別の利益額にも影響が出ることは避けられません。重要なことは，どのような基準によって配賦するのがもっとも適切であるかを考え，原価計算システムを設計することです。

　話を元に戻しましょう。ここまで，当工場でどれくらいの製造原価がか

かっているのかを，直接材料費，直接労務費，そして製造間接費のそれぞ
れについて算出してきました。その結果をまとめると以下の**図表8-5**のよ
うになります。今月の製造原価の総額はロールパンが232,200円，クリー
ムパンが149,400円となることがわかります。この金額は，当月の製造数
量に基づいて計算されたものですので，製造原価を生産数量で除すること
によって，製品1個当たりの製造原価を求めることができます。生産数量
は，ロールパンが2,400個，クリームパンが1,200個でしたので，1個当
たりの製造原価は，ロールパンが96.75円，クリームパンが124.5円とな
ります。

図表8-5 製品原価計算のまとめ

	直接材料費	直接労務費	間接費	合計
ロールパン	43,200円	63,000円	126,000円	232,200円
クリームパン	50,400円	36,000円	63,000円	149,400円

　それでは，各製品を1個販売することで，どれだけの儲けを得られるで
しょうか？　販売単価はロールパンが100円，クリームパンが140円とす
ると，ロールパン1個当たりの儲けは3.25円，クリームパン1個当たり
の儲けは15.5円となります。ここでは，製造原価だけしか考慮していま
せんから，この"儲け"というのは，粗利，すなわち売上総利益のことを
指します。売上総利益とは，売上から売上原価を差し引いて求められる利
益概念です。今月の売上高は，各製品の販売価格に販売数量を乗じること
で求められます。

　本章の冒頭で説明したように，売上原価は，当該期間に販売された製品
にどれだけの製造原価がかかっているのかに基づいて計算されるのでした。
つまり上記の例では，当月の売上原価は，1単位当たりの製品原価に販売
数量を乗じることによって求められるのです。原価計算の目的として，財
務諸表の作成のための原価情報を提供することであるということは，この
ようなプロセスを経て実現されるのです。

図表 8-6 製品別の売上総利益の計算例

	ロールパン	クリームパン
売上高	240,000 円 （100 円× 2,400 個）	168,000 円 （140 円× 1,200 個）
売上原価	232,200 円 （96.75 円× 2,400 個）	149,400 円 （124.5 円× 1,200 個）
売上総利益	7,800 円 （3.25 円× 2,400 個）	18,600 円 （15.5 円× 1,200 個）

　本章では，イメージがわきやすいよう，パン工場を例に，一連の原価計算プロセスを説明してきましたが，企業会計における一般的な原価計算プロセスの全体像を改めて示しておきましょう。結論から述べれば，原価計算制度では，基本的に「**費目別計算**」「**部門別計算**」「**製品別計算**」という3つの段階を経ることによって，製品原価を算定します。

　上では，材料費，労務費，経費という形態別分類および直接費・間接費という区分に従って，製造原価を集計してきました。このような費目ごとの原価計算を「費目別計算」と呼びます。これが原価計算プロセスのスタート地点となります。そして，本章では，費目別計算の後，各製品の原価を求めましたが，大規模な組織になると，製造部門はさらに下位の部門や工程に細分化されています。そのような組織では，費目別計算を行った後に，部門ごとの原価を集計する場合があり，これを「部門別計算」と呼びます。そして最終的に製品の製造原価を算定する「製品別計算」が行われます。

④　計画策定のための原価情報の活用

（1）　変動費と固定費

　パン工場の事例では，製造原価を求めることによって製品 1 個当たりの儲け（粗利）を算出してきました。しかし，ロールパンを 1 個販売することによって，3.25 円の儲けが実際に手に入るわけではありません。仮に販

売数量が0個であっても，実際には減価償却費など一定金額の原価が発生
しているからです。販売単価100円のロールパンを120個だけ販売した場
合，売上は12,000円にしかなりません。当月の減価償却費（144,000円）
をカバーすることができず，企業としては132,000円の赤字になってしま
うのです。

　製品単位当たりの原価というのは直感的でわかりやすい反面，どのくら
いの売上が達成できれば黒字になるのかを予測したり，その売上を達成す
るためにどのくらいの数量を生産・販売すればよいかといった生産計画や
販売計画を立案するのには不向きなのです。

　そこで，計画策定のような目的のためには，製品原価計算とは異なり，
変動費，固定費といった原価区分を用いることが有用です。みなさんも新
聞やニュース等でこうした名称を聞いたことがあるかもしれません。

　原価計算基準では，変動費，固定費といった原価区分を「**操業度との関
連による分類**」と位置づけています。操業度とは，企業が行う営業や製造
の活動量のことを指す用語です。具体的には，売上高や販売数量，生産数
量などが該当します。操業度との関連による分類では，基本的に変動費と
固定費という区分が用いられます。**図表8-7**にあるように，変動費とは操
業度の増減に比例して増減する原価です。代表的なものは，上の例でみた
製品の主要な原料費や部品費などの直接材料費，出来高払いの労務費など

図表8-7　変動費と固定費

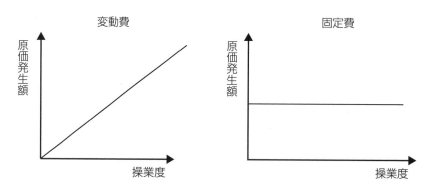

がこれに相当します。他方，固定費とは，操業度の増減とは関係なく，一定の金額が発生する原価です。特定期間に一定の発生額を示す減価償却費，賃借料などが該当します。現実的には，原価の変動を**図表 8-7** のような綺麗なグラフで表現することは難しいかもしれませんが，1 次式に近似することによって，企業経営に有用な情報をもたらすことが可能になります。

(2)　損益分岐点分析

　営業利益は，(1)式にあるように，売上高から売上原価と販売費及び一般管理費を差し引いて求めます。

　　営業利益＝売上高－売上原価－販売費及び一般管理費　(1)

　この計算式を，変動費と固定費の分類を用いて示すとどうなるでしょうか？　製造原価に販売費及び一般管理費を加えた総額を一般的に総原価と言います。そして総原価は，変動費と固定費に区分することが可能です。すなわち，以下の(2)式にあるように，売上高から，変動費と固定費を差し引くことによっても営業利益を計算することができるのです。ただし，売上原価が変動費で，販売費及び一般管理費が固定費である，といった単純な関係ではないので注意が必要です。売上原価も販売費及び一般管理費も，基本的にはそれぞれ変動費と固定費に分解することができます。なお，これらの詳しいことは，管理会計や原価計算などの授業でより深く学習しましょう。

　　営業利益＝売上高－変動費－固定費　(2)

　変動費と固定費の区分をすることにより，企業の利益構造を分析することが可能になります。その基本的な分析手法として，**損益分岐点分析**を紹介しましょう。「損益分岐」とは，企業の損益が分岐する，すなわち利益も損失もでないという意味です。損益分岐点分析は，CVP 分析とも言わ

れます。CVP とは，費用（Cost），操業度（Volume），そして利益（Profit）の頭文字をあらわしています。CVP 分析は，これら 3 つの要素の相互関係を明らかにするための分析であり，企業が販売計画や生産計画を立案する際に有効な手法となります。

　損益分岐点分析では，**貢献利益**という利益概念を用いて分析を行います。下の(3)式にあるように，貢献利益とは，売上高から変動費を差し引いて得られる利益です。上記の(2)式とあわせて考えれば，貢献利益からさらに固定費を控除したものが営業利益になるというわけです。貢献利益は，財務諸表等では見られない利益概念ですが，損益分岐点分析や(2)式による形式の利益計算においては，非常に重要な利益概念となります。

　　貢献利益＝売上高−変動費　(3)

　それでは，パン屋さんの事例に基づき，実際に損益分岐点分析を行ってみましょう。先に述べた事例のように 2 種類のパンを扱うと図示が複雑になるため，ここでは 2 種類のパンの平均単価を用いて単一の製品として考え，翌月の販売・生産計画を考えていきます。パンの販売単価は 120 円，翌月の販売予測数量は 3,600 個とします。また，翌月はパン 1 個当たりの変動費は 50 円，固定費が月間 189,000 円になると予想します。以上をまとめると，次の**図表 8-8** のようになります。

図表 8-8 翌月の販売・原価データの予想

販売価格	120 円/個
販売数量	3,600 個
変動費	50 円/個
固定費	189,000 円

　翌月の営業利益を予想してみましょう。上記の（2）式を用いて，売上高（120 円/個×3,600 個）から変動費（50 円/個×3,600 個）および固定費

（189,000 円）を差し引くと，翌月の営業利益は 63,000 円になることがわかります。

> 営業利益＝売上高－変動費－固定費
> 　　　　＝（120円/個×3,600個）－（50円/個×3,600個）－189,000円
> 　　　　＝63,000円　(4)

　実際にはこの予測どおりになるとは限りません。企業が赤字を出さなくてすむには，最低限どれだけの数量を売り上げる必要があるのでしょうか？　まずは，他の要素を一定と仮定して，損益分岐点における販売数量がどのくらいになるかを見ていきましょう。

　翌月の販売数量を q 個（q ≧ 0）とすれば，営業利益を以下(5)式のように表わすことができます。

> 営業利益＝売上高－変動費－固定費
> 　　　　＝（120円/個× q 個）－（50円/個× q 個）－189,000円　(5)

　損益分岐点は，利益も損失もでない点でしたので，損益分岐点における営業利益は 0 となります。したがって，損益が分岐する販売数量 q を求めるためには，上記の方程式の左辺に 0 を代入して q について解けばよいことになります。

> （120円/個× q 個）－（50円/個× q 個）＝189,000円　(6)

　(6)式の左辺は，貢献利益（売上高－変動費）を指していることがわかるでしょう。つまり，損益分岐点においては，貢献利益が固定費に等しくなるのです。(6)式から，損益分岐点における販売数量 q は 2,700 個であることがわかります。販売数量が 2,700 個であるとき，利益も損失も出ないということです。翌月の販売数量が 2,700 個を下回るようなことがあれば，

図表 8-9 損益分岐図表

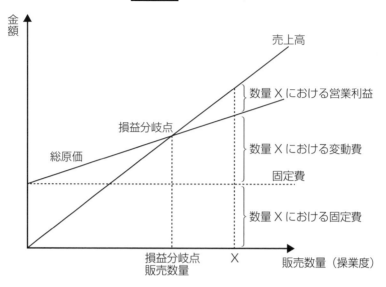

予想される固定費を回収しきることができず，赤字となってしまいます。すなわち，損益分岐点販売数量とは，発生した固定費を貢献利益によって回収できる最小の販売数量だと言い換えてもよいでしょう。以上の関係を図式化したものが**図表 8-9** の損益分岐図表になります。

　翌月の営業利益の目標値が示された場合に，どれだけの売上高や販売数量が必要かを見積もる際にも，損益分岐点分析の考え方は有効です。上記の例に基づいて，目標となる営業利益額が 91,000 円である場合にどれだけの数量を売り上げなければならないかを考えてみましょう。損益分岐点の販売数量を求める際には，(5)式の営業利益に 0 を代入しましたが，今回は，営業利益額を目標値である 91,000 円にしたいので 91,000 を代入します。(8)式の方程式を q について解けば q = 4,000 を得ることができます。すなわち，目標営業利益額の 91,000 円を達成するためには，少なくとも 4,000 個のパンを販売する必要があります。

目標営業利益＝売上高－変動費－固定費
　　　　　　＝（120円/個×q個）－（50円/個×q個）－189,000円
　　　　　　＝91,000円　⑻

　損益分岐点分析は，単に損益分岐点における販売数量や売上高を計算するだけでなく，企業の目標とする営業利益を達成するにはどれくらいの売上高が必要なのか，といったシミュレーションをする際にも有効な手法であることがわかります。実際の企業経営においては，ライバル企業の戦略や市場動向によって，自社製品の販売価格を下げなければならなくなったり，販売数量が思うように伸びないこともあるでしょう。また，原料価格が高騰し材料費が増加することや，追加的な固定費の計上を余儀なくされることもあります。損益分岐点分析や上記の図表などを応用すれば，いくつかの状況を仮定したシミュレーションを行うことも可能です。

5 原価構造による利益の相違

　最後に，事業形態の違いが，どのような原価構造や利益構造の相違を生み出しているのかを見ていきましょう。実は同じパン屋さんでも，その事業形態はさまざまです。個人で事業を営むような小規模な商店から，日本全国に商品を流通しているような大規模な製パン企業などさまざまな形態があります。
　個人商店のような小規模なパン屋さんの例として，昔ながらのパン屋さんを想像してみましょう。販売カウンターの奥や近隣に厨房があり，オーブンやミキサー，焙炉などの製造設備を有し，仕入から製造，販売までのすべての工程を店舗内で行います。大規模なパン工場の製造設備に比べると，相対的に厨房設備は少額になりますが，その分パンの製造には多くの人手が必要です。たくさんのパンを作るためには，長時間の作業を行うか，職人さんの数を増やして対応する必要があります。つまり，このような事業は，設備の減価償却費などは少額ですみますが，その反面，直接労務費

などの変動費を相対的に多く要するような原価構造になると予想されます。

　対して，大規模な製パン工場はどうでしょうか。スーパーやコンビニなどでは，個包装されたパンが主に販売されていますが，こうしたパンの多くは，大規模なパン工場で製造され，工場から店舗へ毎日のように配送・販売されています。先ほどの小規模店舗の例とは異なり，大規模な設備投資を要する事業形態になるため，設備の減価償却費の固定費も相当大きなものにならざるをえません。その反面，効率的な大量生産が可能になり，原料等を安く仕入れたり，自動化された設備を導入すれば工場で働く工具の数を少なくすることもできます。つまり，大規模化することによって固定費は大きくなりますが，単位当たりの変動費を小さく抑えることが可能です。身近な企業でいえば，山崎製パン株式会社やフジパン株式会社，第一屋製パン株式会社などが主にこのような形態をとっています。

　前者のような変動費型の原価構造と，後者のような固定費型の原価構造では，得られる利益にどのような違いがみられるでしょうか。**図表 8-10**の損益分岐図表を見てみましょう。変動費型は固定費型に比べ，固定費を回収するために必要な販売数量が低く抑えられていることがわかるでしょ

図表 8-10　**原価構造の相違**

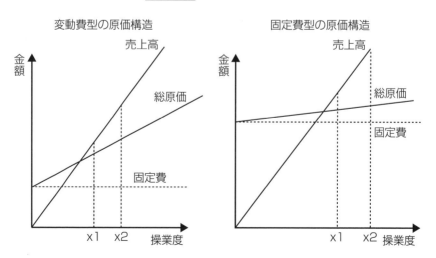

う。また，変動費の直線の傾きによっては，損益分岐点に至る売上高を低く抑えることが可能です。つまり，変動費型の原価構造は，固定費が少なく抑えられているために，相対的に少ない販売数量であっても，固定費を下回ることがなく利益を得ることが可能です。

　一方，固定費型産業では，多額の固定費を回収するために多くの売上が必要になることがわかります。そしてその分だけ，損益分岐点に達するために必要な操業度の水準（販売数量や売上高など）が相対的に高くなってしまいます。利益を創出するだけであれば，変動費型の事業形態のほうが少ない売上高であったとしても，損益分岐点により早く到達することが可能なのです。

　次に，損益分岐点を超えた後の利益の大きさを比較してみましょう。損益分岐点をわずかに超えたあたり（図表8-10のx1）においては，変動費型も固定費型も得られる利益に大きな差はみられません。しかし，損益分岐点を十分に超えたあたり（同x2）においてはどうでしょうか？　変動費型に比べ，固定費型のほうがはるかに大きな利益を得られていることがわかります。すなわち，固定費型の事業形態では，損益分岐点をいったん超えれば，売上高の増加にともなう利益の伸びは非常に大きくなるのです。

　ただし，固定費型の事業形態は，売上の減少にともなう利益の減少額も同様に大きくなってしまいます。つまり，固定費型は，変動費型に比べて，売上高の変動によって営業利益に大きな影響を受けるのです。そういう意味では，変動費型の事業形態はローリスク・ローリターン，固定費型の事業形態はハイリスク・ハイリターンの事業だと言うことができるでしょう。

　ここではパン屋さんを例にしましたが，また同業種間の違いだけでなく，業種によっても原価構造は大きく異なります。巨大な製造装置を要する鉄鋼業や石油化学工業，定期的に規模の大きな設備投資の必要なホテル業や航空業などは固定費型産業の典型例です。これらの産業では，日々変動する需要に対して，どのように安定的に製造設備を稼働させるか，また空室や空席をできるだけ少なくするかといった生産改革や販売戦略に工夫を凝らしていますが，その背景にはこのような原価構造や利益構造があるから

です。

6　ま と め

　本章では，原価計算の基本的な手続きと原価情報の活用について学んできました。製品原価の計算においては，材料費，労務費，経費といった形態別の分類と，製品との関連による直接費・間接費という分類が用いられました。多くの企業では，この２つの区分を用いた原価情報を使って，製品やサービスの原価計算を行っています。本章では，その計算方法の初歩について紹介しました。また，製品やサービスの原価と言われたときに，唯一の解が存在するかのように，原価が決まると思ってしまいがちです。原価計算基準によってある程度はルール化がなされていますが，それでも企業ごとに原価計算の方法は多様です。その１つの例は，本章でも取り上げた製造間接費の計算です。製造間接費の計算のいかんによって製品原価や製品別の利益が異なる可能性があることを学びました。

　さらに，変動費・固定費といった原価分類によって，利益計画の策定に有用な損益分岐点分析などを紹介しました。そして，変動費型，固定費型といった対照的な２つの事業形態に分けて，各原価構造を考察しました。それぞれの事業形態に異なる原価構造があり，それによって企業の利益構造の大枠が決まることを学びました。

　管理会計の領域では，企業の経営管理上の有用性や目的に合わせて，異なる目的のもとで異なる種類の原価情報が使われています。本章では，原価分類を基にして，それぞれの原価情報の活用について紹介し，製品原価の計算や損益計算書における売上原価を提供するための原価情報と，利益計画の策定や原価構造および利益構造の分析の際に用いる原価情報が，異なる分類に基づくものであることを示しました。ここで紹介したものは一例にすぎませんが，管理会計論や原価計算論などの科目で，会計が企業の経営管理とどのように結びついているのかをより深く学びましょう。

🔍 *Exercise* ●

❶　身の回りにある任意の製品やサービスを1つ選び，その製品やサービスが消費者に提供されるまでに，どのような原価がかかっているかを考えてみましょう。

❷　本章の設問3における配賦基準を「製造設備の運転時間」に変更し，ロールパンのために要した製造設備の運転時間が248時間，クリームパンが372時間であったとしたら，各製品1個当たりの製造原価はいくらになるでしょうか？

❸　任意の企業や産業を1つ選び，その企業あるいは産業の原価構造における変動費と固定費の割合を推定してみましょう。

📖 さらなる学習のために ────────────────────

岡本清『原価計算（6訂版）』国元書房，2000年。
　　▷原価計算の各論点を体系的に網羅した1冊。
加登豊・李建『ケースブック　コストマネジメント（第2版）』新世社，2011年。
　　▷企業事例を中心にコストマネジメントを解説してくれる1冊。
長坂悦敬『Excelで学ぶ原価計算』オーム社，2009年。
　　▷Excelを用いた原価計算の演習が可能で，Excelのさまざまな関数も学べます。

利益管理・予算管理
——株式会社バッファローのケース

Key **W**ords

管理会計，利益管理，予算管理

1　企業経営に会計は必要不可欠‼

　本章では，前章に引き続き，管理会計について学習し，管理会計が何を対象としているのか，どのようなものなのかをつかんでもらいたいと思います。

　企業が存続し，社会に役立つものを提供し続けるためには，一定の利益を安定的に得ることが重要です。そこでまず本章では，企業が安定的に利益を得るために管理会計がどのように用いられているのかについて，その中心的課題である利益管理，予算管理に注目します。

　いきなりですが，「予算」と聞くと，どのようなものを思い浮かべますか。政府・自治体の無駄遣いを思い浮かべ，「使ってもいいお金」と思う人も多いでしょう。この理解は，間違いとはいえませんが，正解ではありません。企業経営において予算はその中心的役割を担っており，管理会計の中心的課題として位置づけられます。そこで，本章で予算を中心に企業経営をみることで，予算を理解するとともに，管理会計の世界へ一歩踏み出してみましょう。

　ところで，皆さんは，今日に至るまでの間に，保護者の方から「勉強しなさい」と言われたことはありますか。保護者の立場から，子供らの学業成績を管理する方法としては，試験でいい成績をおさめるために勉強をさせるといった行動自体を管理する方法や，実際の成績をみて叱咤激励するといった結果によって管理する方法などがあるでしょう。後者の場合は，管理される子供らは，怒られないように勉強を頑張ったりするでしょう（当然，怒られるとわかっていても頑張らない人もいます。また，怒られないためでなく自分のために頑張る人もいます）。学業成績というのは，その子供ら（学生）個人の生活に帰するもので，保護者のものではありません（そのため，保護者に管理されないという状況もあります。そして，勉強を自分自身のために頑張る人であることが望ましいですし，皆さんにはそうであって欲しいと思います）。

　それに対して，部下のあげた業績は企業の業績の一部となり，経営者個人の評価につながります。その意味において，自分自身の活動の総合的評価としての企業業績を上げるために部下の活動を経営者が管理するのと，保護者が子供らの学業の状況を管理するのとでは状況が異なります。しかし，ある個人（企業の場合，経営者や上司）が，別の個人（部下）のことを管理しているという点では同じといえるでしょう。企業経営においては，行動までも指示・規定する管理，結果に基づく管理，人間関係に基づく管理など，さまざまな形で管理が行われています。

　企業では，一定の利益の獲得が結果として求められます。一定の利益を獲得するために，経営者は部下を管理していかなくてはいけませんが，ある一定の規模以上の企業では，経営者が部下全員のすべての行動を指示したりすることはできず，ある程度の事業活動上の判断を部下に任せることになります。そして，事業活動を任せた部下が事実として利益を獲得したのか否かという結果，つまり利益といった会計数値に基づいた結果を通じて部下および事業活動の管理が行われることになります。

　それでは，企業において会計による管理は具体的にはどのようにして行われるのでしょうか。そして，それは部下の行動にどのように影響するで

しょうか。株式会社バッファローの事例を用いて，管理する側と管理される側の両者の視点から会計による管理についてみていきましょう。

2　株式会社バッファローの概要

　株式会社バッファロー（本社：愛知県名古屋市。以下，バッファローと略記する）は株式会社メルコホールディングスの100％子会社で，パソコンおよびブロードバンド関連機器の開発・製造・販売および関連サービスの提供を行っています。音響機器の製造・販売を目的として設立されてから30年強，バッファローは創業者である牧誠氏の鋭い洞察力とアイデアをもとに，新製品を次々と開発し，その事業領域を拡大させ，順調に成長してきました。バッファローを取り巻く経営環境は，チップなどの部材の技術進展がはやいだけでなく，顧客ニーズも多様で，かつ市場競争が激しく，製品ライフサイクルは短くなっていますが，現在，バッファローは多くの製品で市場シェア（日本国内）１位を獲得しており，市場競争力を有した企業であると言えるでしょう。

　バッファローでは，事業本部と営業本部がその事業の中心を担っています。家電量販店との商慣習から，量販店への販売活動を行う営業本部は事業本部から独立し，事業本部のバッファロー製品を一手に引き受けています。事業本部は，事業部と生産部などから構成されており，事業部は製品カテゴリーを基準に，つぎのように分けられています（2010年9月現在）。

メモリ事業部
メモリ製品を担当しています。メモリ製品とは，メモリモジュールや，手軽にデータが持ち運べる USB メモリ，携帯電話やデジタルカメラで利用する SD カードなどです。

ストレージ事業部
ストレージ製品を担当しています。ストレージ製品とは，ソフトウェアやデータを保存する記憶装置のことで，主力製品はハードディスク（HDD）です。

ブロードバンド・ソリューションズ（BBS）事業部
ネットワーク製品を担当しています。ネットワーク製品の代表的なものとしては，無線 LAN ルータ，LAN アダプタ，LAN 用ハブなどです。

市場開発事業部
ネットワークに直接接続して使用するファイルサーバである NAS（ネットワーク対応 HDD）製品とデジタルホーム関連製品を担当しています。デジタルホーム関連製品とは，ワンセグ放送をパソコンで手軽に楽しめるワンセグチューナやインターネットビデオ配信やデジタル放送の専用受信機であるセットトップボックスなどです。

　各事業部には，原則として開発グループとマーケティング・グループがあり，開発グループはその名のとおり商品企画および開発を，マーケティング・グループは商品企画，現行製品（市場投入済み製品）の管理（価格決定などのマーケティング施策も含まれます），予算管理など広範な業務を担っています（その仕事内容を考えると，「マーケティング」というより「製品管理者（product manager）」といったほうが適切かもしれません）。製品の生産に関しては，自社工場をもたず，協力工場に生産を委託するファブレス体制を採用しています。

　パソコン周辺機器業界の厳しい競争のなか，バッファローの基本戦略は，「市場シェアの獲得」「他社に先駆けた製品の市場投入」です。つまり，他社に追随するのではなく市場一番乗りの新製品開発を行い，市場シェアを獲得することが戦略として社内では広範，かつ末端にまで浸透しています。また，それと同様に，「徹底的なコストダウン」「製品化のための必要利益率」といった収益性に対する共通理解も存在しています。

図表 9-1　バッファローの組織図（主要部分のみ）

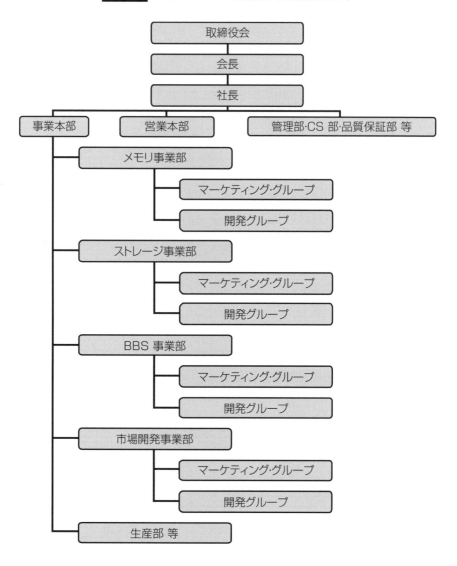

③　バッファローにおける予算管理

(1)　バッファローの予算目標

　バッファローの親会社であるメルコホールディングスは，東証・名証一部上場企業であり，事前に1年間の利益目標を発表しています。この利益目標は株主や投資家との約束となるため，企業が活動を行ううえで最重要目標となり，この目標を達成するよう経営者は企業活動を管理していきます。メルコホールディングスは，純粋持株会社（グループ各社の株式を保有し，それら各社の事業活動を支配することを主としており，純粋持株会社自体は事業活動を行っていません）であり，グループ全体として利益目標の達成へと進んでいくことになります。そこで，この利益目標をグループ各社に割り振り，それが各社の利益目標となります。ただ，実際には，メルコホールディングスの得る売上・利益の大半は，バッファローによるもので，グループの売上・利益目標のほとんどがバッファローの売上・利益目標になります。

　バッファローは，与えられた利益目標を達成するために，予算管理を行うことになるわけですが，ここで「予算」というものについてみてみましょう。予算とは，「予めなされた計算」のことで，通常，1年間の行動計画（1年間の製品ごとの生産・販売量および販売価格，販売先ごとの販売量・販売価格，マーケティング活動，新製品開発などの具体的計画）を会計数値（貨幣額）で表現したものをいいます。計画としての数値ですので，その数値は社内では，実現すべき目標としても理解されることになります。その対象は，費用・支出（かなり細かい内容・費目まで。費用予算は使っていいお金ではなく，1年間の行動計画として売上を効率的に得るために費やされなければならないと事前に合理的に考えられる支出を表わしています）はもちろんのこと，売上（総額だけでなく，販売先などに分解されます）や，売上と費用の差分である利益も当然含まれます。それどころか，利益獲得は，企業経営の中心

的課題ですので，予算の中心も利益にあると言っても過言ではないでしょう。つまり，利益目標を予算の最大目標とし，その利益を獲得できるように企業活動を管理する（これを**利益管理**といいます）ために，予算を用いた管理（これを**予算管理**といいます）が行われます。以下では，バッファローでの予算管理を具体的にみていきましょう。

（2）　バッファローにおける予算編成

　バッファローでは，各事業部は売上，売上総利益（粗利），市場シェアという３つの指標によって目標が与えられ，マーケティング・グループを中心に，これら３つの指標のすべてにおいて目標を達成するよう求められます。これらの目標は，予算によって設定されることになります。

　予算を作成することを予算編成といいますが，バッファローでは，４月からの新年度に先立ち，予算編成が行われます。その際には，担当する製品および製品カテゴリーの市場規模の予測，それに対するシェア目標，部材の価格動向とそれに伴う販売価格戦略，商品開発戦略の組み合わせでマーケティング・グループによって売上・利益（売上総利益）予算が編成されます。

　またこれとは別に，営業本部でも販売先ごとに製品，価格，数量を予測し，売上予算が編成されます。これらの編成された予算は，事業部と営業本部の間で調整され，また企業として求められる売上・利益目標との間でも調整され，最終的には経営上層部によって承認されることになりますが，その目標水準は頻繁な新製品開発などの創意工夫なく現行の活動を続けることで達成できるようなものではなく，高い水準に設定されています。そして，最終的に編成された予算は**図表9-2**のような形で表わされます。これらの目標を確実に達成していくために，さまざまな形で予算を用いた管理（予算管理）が行われています。次に，これを順にみていきましょう。

図表 9-2　バッファローにおける予算の形式（イメージ）

	メモリ事業部	ストレージ事業部	BBS事業部	市場開発事業部	
				NAS	デジタルホーム
売上高					
売上総利益					

(注) 実際には，もっと細分化され，詳細に作成されています。全社的には，売上総利益から
販売費や一般管理費を控除した営業利益，さらには経常利益，純利益まで予算は作成さ
れていますが，バッファローの各事業部では売上と売上総利益の予算が作成されていま
す。企業によっては，事業部で営業利益を中心にみている場合もあります。

(3)　経営上層部による予算管理

　日常的な各事業の遂行は，事業部長をはじめ，各事業部のメンバーに任
されていますが，だからといって，経営上層部が各事業の状況を把握しな
いでいいわけではありません。もし，把握していなかった場合には，半年
や1年が経過し，半期決算や年次決算のときになって初めて，目標売上・
利益が達成されたか否かを知ることになります。また，とくに，近年の競
争が激しい環境においては，予算編成時に想定したとおりに市場が変化し
ていくことはほとんどないため，当初の計画にあるとおりに行動するだけ
では，目標売上・利益の達成は極めて難しく，もし達成できても偶然の産
物でしかありません。もっといえば，目標の達成どころか，利益の獲得す
らできず，赤字となるかもしれません。このように，もし事業の状況を把
握せず，目標を達成できなかった，さらにいえば赤字だった場合には，株
主に対して弁解の余地はありません。それどころか，企業の存続すら危う
くなってきます。

　そこで，各事業・各製品カテゴリーの状況を把握するために，バッファ
ローでは，月に1回各事業部から経営上層部への業績報告が行われます(こ
れを月次決算といいます。多くの企業で月次決算が行われていますが，企業に
よっては毎日（日次決算）のところもあります)。バッファローの月次決算に
おいては，とくに，先にあげた3つの点，売上，売上総利益（粗利），市

場シェアを中心に検討がなされます。半年・1年の目標が月ごとの目標へ
と分けられ，その目標に対する達成状況（月次実績）が算出され，もし未
達成の場合には，なぜ未達成なのかという原因分析が徹底的になされ，戦
略の修正・変更から内部プロセスの改善に至るまで，必要に応じた対策が
講じられます。このような月次決算によって，経営上層部が，半年・1年
の売上・利益目標の達成に向けた進捗状況を確認するとともに，現代の激
しい競争環境において，思わぬ苦戦や予期せぬ市場の変化を経営上層部が
いち早く察知し，手遅れとなり修正不可能となる前に何らかの手を打つこ
とが可能になっています（次項で書くように事業部において日々予算管理が
行われ，対策が講じられていますが，事業部の範囲では対処できないような事
柄や事業部だけをみていてはわからない事柄などが，経営上層部によって検討
されることになります）。そして，最終的には半期決算・年次決算において
目標を達成するよう事業活動が方向づけられていくことになります。

　本項では，経営上層部という各事業部を管理する側の視点で予算管理を
みてきました。それでは，今度は，日々の事業活動を管理している各事業
部，とくにバッファローにおいてはマーケティング・グループに対して，
予算がどのように用いられているのかといった管理される側の視点から予
算管理をみてみましょう。

（4）　事業部における予算管理

　バッファローでは，事業活動の中心は，各事業部，とくにマーケティン
グ・グループにあります。バッファローのマーケティング・グループは半
期・1年の売上・利益および市場シェアの目標を達成するために，そして
目標達成への確かな進捗を月次決算で報告するために，商品企画，現行製
品（市場投入済み製品）の管理（価格決定などのマーケティング施策も含まれ
ます）などを行いますが，その際に予算管理が重要な役割を果たしています。

　バッファローのマーケティング・グループにとって売上，利益，市場シェ
アの目標達成が最重要課題であるため，その進捗状況（予算と実績のずれ）
を明らかにする予算管理が日々の仕事の中で最も重点が置かれており，1

日の始まりには必ず予算と実績の差のチェックをし，現状確認とともに必要に応じて対策を講じています。

　バッファローでは，半年・1年の売上・利益目標が，月ごとの目標へと，そして日々の目標へと細分化されています。それを基準として，日々の予算管理は，具体的には以下のように行われています。**図表 9-3** は，①と②の状況を示したものです。

---

①　その日までの累積的な売上・利益目標と実績の差をチェックする。市場シェアについても確認し，目標と対比する。
②　現状のままの場合のその月の売上，利益，市場シェアの見込みを予想し，その実績（見込み）と予算を対比する。
③　実績（見込み）が予算を達成していない（達成しそうにない）場合（不利差異の場合）には，その原因を探る。
④　明らかにされた原因に対して対策を講じる。

図表 9-3　日常的な予算と実績（見込み）の対比（イメージ）

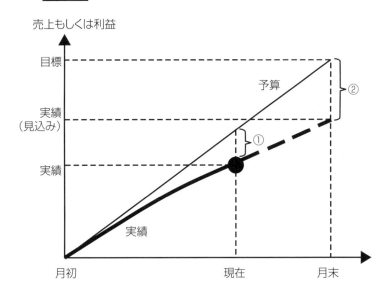

ここで，実務上一番重要であり，管理会計を理解するうえで重要なこと

は，当然なのですが，①，②といった会計上の計算を行うだけでは企業活動はよくならず，その計算をもとに企業活動に何らかの変化が起きることで初めてよくなるということです。つまり，①，②の情報をもとに，不利差異の場合には，③原因分析，④修正行動が行われることが重要なのであり，そのなかで予算管理情報は問題発見に大きな役割を果たしています。

　たとえば，売上が予算を達成できていないとき，もし受注はちゃんと獲得できているとすると，製品が出荷できていないことになり，部材調達か生産に問題があると考えられます。もし，受注が獲得できておらず，市場シェアを落としている場合には，製品（コンセプト）や価格といった販売上の問題が考えられ，市場シェアを落としていない場合には，市場全体の問題（当該製品の市場自体が思いのほか大きくない，など）と考えられます。そして，営業担当者から補完的な市場・製品情報を収集し，意見交換を通じて販売上の施策が講じられることになります。つぎに，もし売上は予算を達成しているが，利益が予算を達成できていない場合，それは出荷時点での利益率に問題があることを意味します。その場合，そもそもの価格決定，日々上下する原価，値引きといった販売店との価格条件の変化等が原因として考えられます。

　このような原因分析をもとに，修正行動がとられるわけですが，先にも触れたように，修正行動としては部材調達や生産での対策もあれば，価格の引き下げによる競争力の強化といった販売上の対策もあります。そして，製品コンセプトに問題があると考えられる場合には，予定していた新製品開発計画を再検討し，市場ニーズに適合する形へと修正することもあります。時には，このようなしっかりと再検討された新製品開発計画の修正ではなく，目の前の売上・利益目標を達成するために，急いで創意工夫した結果，当初の予定にはなかった新製品が急きょ企画・開発され，市場に投入されることもあり，結果としてこれが一定の売上を記録することもあります。

　このように，事業部においては，半年・1年の売上・利益の予算目標，そしてそれを細分化した月ごとの目標を達成するために，日々予算管理が

行われ，それによって，早期の問題発見，修正行動が可能となっています。そして，それは変化の激しい競争環境において，市場の予期せぬ変化に柔軟に対応しつつも，予算目標を達成することを可能にしています。

4　管理会計への第一歩

　現代の企業経営における羅針盤として，日々，会計が利用されており，その企業内部において企業活動およびその主体である管理者を管理するための会計を**管理会計**といいます。そして，その管理会計の第一歩として，本章ではその中心的課題である予算管理を取り上げ，バッファローを題材とし，経営上層部と事業部という管理する側と管理される側の両面からその役割をみてきました。経営上層部では，事前に立てられた半年・１年の予算目標を達成するための進捗管理として月次決算が行われており，その月次決算での報告を念頭に，事業部では日々の予算管理が行われています。そして予算管理をもとに問題が発見され，部材調達や生産における改善，価格引き下げなどの販売施策の実施，さらには新製品の企画・開発といったさまざまな活動が引き起こされ，目標達成に向かっていくことを学習しました。

　企業は，株主との約束を実現するために，安定的に成長し社会に貢献していくために，一定の利益を獲得しなければなりません。結果として「儲けていた」とか「損していた」ではいけません。もともと「儲ける」ことを目的として，そのためにやるべきことを絶えず考え，実行する必要があります。つまり，利益は，結果としての成果ではなく，「作り出す」ものともいえるでしょう。そして，利益を作り出すために，予算管理に代表される管理会計は不可欠です。その役割は普遍的なものから，企業によってまちまちなものまで多様ではありますが，管理会計が企業経営の管理の一部として欠かせないものであることは確かです。少なくとも，成功しているといわれている企業は管理会計を活用しています。

? *Exercise* ●●●●●●●●●●●●●●●●●●●●●●●●●●●●●●●●●●

❶　管理会計が企業経営において果たす役割・機能としてはどのようなものがあるか，調べてみましょう。

❷　管理会計の知識が不可欠な業種，部署を挙げてください。

❸　古くより，予算管理には3つの機能があると言われていますが，それがどのようなものか，調べてみましょう。

❹　本章で取り上げたバッファローにおいて，予算と実績の差異の分析はどのように行われていますか。そのうえで，一般的にはどのような分析が行われているか，調べてみましょう。

📖 さらなる学習のために ───────────────────────

櫻井通晴『管理会計（第七版）』同文舘出版，2019年。
　　▷管理会計の内容を網羅した1冊。
上總康行『管理会計論（第2版）』新世社，2017年。
　　▷管理会計を企業経営との関係で捉え，その原則的な考え方をまとめた1冊。
辻厚生『管理会計発達史論』有斐閣，1971年。
　　▷緻密な論理展開で管理会計の歴史を明らかにした1冊。

監査のキホンを学ぼう！

　これまでの章で，会計の基本を学習してきました。＜第Ⅴ部　監査のキホンを学ぼう！＞では，監査と監査のプロである公認会計士について学習します。学習内容は次のとおりです。

◆株式会社の財務会計について，なぜ経営者を監視するシステムが必要になるのか，また監査というコストのかかるチェックが必要なのか？

◆会社法，金融商品取引法という2つの法律の役割は何か？　それぞれの法律で定められている監査はどのようなものか？

◆公認会計士はどのような資格か？　彼らの行う財務諸表監査とは，どのようなものか？

公認会計士と監査
——社会の多くの人が企業の情報や経営を見て安心できるように

Key Words

公認会計士，会社法監査，金融商品取引法監査，財務諸表監査

1　財務会計と監査

　就職活動のとき，志望先の企業から「学業成績表」の提出が求められる場合があるでしょう。また，あわせて「健康診断書」が必要になるかもしれません。

　「学業成績表」は，厳正な手続に従って大学が作成します。「健康診断書」も，やはり厳正な手続に従って病院が作成します。大学も病院も，こうした文書の作成に手違いや虚偽（ウソ）があれば後から訴えられる可能性があります。また，訴訟にならなくても，ずさんなことを行えば社会的な信用を失います。厳正な手続に従って作成するには，こうした理由があるわけです。

　志望先の企業は，「学業成績表」や「健康診断書」に学校名・病院名，捺印等を見て，それが本物であることを確認します。また，その内容を真正なものとして信頼します。

　しかし，もしも，「学業成績表」や「健康診断書」を学生自身が作成することになったら，相手先の企業はその内容を信頼するでしょうか。

　さて，話を会計の話題に移しましょう。企業は財務諸表を作成して公表します。貸借対照表は企業の財政状態を，損益計算書は企業の経営成績を

表示します。言い換えると，貸借対照表は企業の「健康診断書」，損益計算書は「成績表」です。就職活動と違うのは，企業の「健康診断書」や「成績表」を，**その企業自身が作成する**ということです。

　会計，特に財務会計の目的は，企業がその活動に必要な資金を調達するために，投資者や銀行等が必要とする情報を提供することです。しかし，その情報を企業自身が作成している以上，そのままでは，投資者や銀行は信頼することができません。

　もしも，その企業や投資者・銀行から独立した第三者が，その企業が作成した財務諸表をチェックして「この財務諸表には虚偽の表示はない」と証明してくれたら，投資者や銀行も安心して資金提供できますね。また，そうなれば，企業も円滑に資金を調達できて助かります。

　このような独立の第三者によるチェックが，監査と呼ばれています。また，このように会計を監査することを**会計監査**といいます。もちろん，会計以外の業務を監査する監査もあり，**業務監査**と呼ばれています。

②　会社の経営と監査—会社法監査—

　会社法という法律があります。これは，会社の種類，設立，資金調達，決算，解散といった，会社の経営活動全般を規制する法律です。会社法は，会社の種類を合名会社，合資会社，合同会社，株式会社の4種類としていますが，このうち，監査が条文に書かれているのは，株式会社だけです。なぜでしょうか。

　株式会社以外の合名会社，合資会社，合同会社は，比較的小規模な会社の形態を前提としています。小規模であるということは，①監査を法律で強制して，監査費用を負担させるのは酷である，②人間関係が重要であって日常的に互いの監視が行き届くため，監査は必要でないことが多い。

　他方，株式会社は，基本的に，大規模な会社の形態を前提としています。出資者である株主は経営に携わらずプロに経営を任せることができ（所有と経営の分離），また，出資者である立場（株式）は，いつでも他人に転売

できる（株式譲渡自由），さらに，万一，会社が倒産しても，会社の借金を払わなくてもよい（有限責任）。だから，一般大衆は安心して投資できる。会社にしてみれば，世の中の多くの人々から資金を調達することができる。つまり，大規模な会社を可能にする会社制度です。

　しかし，銀行等の債権者から見ると，これほど「無責任」な会社制度もありません。株式会社の所有者である株主は，会社の借金については，有限責任です。また，会社の経営者である取締役は，株主から雇われただけですから，会社が倒産しても会社の借金を支払う責任はありません。これでは，銀行は，会社を信用できず，会社に融資をしなくなってしまいます。

　また，株式会社の所有者である株主から見ても「無責任」な会社制度でもあります。株主は，株式会社の所有者であるにもかかわらず，会社の経営を直接チェックすることは法律で制限されているからです。なぜでしょうか。株式会社は，基本的に株式の譲渡は自由です。したがって，誰が株主になることも可能です。ライバル企業が株主になることも可能です。もしも，どの株主でも会社の経営のチェックが可能となると，企業機密が外部に漏洩します。また，株主の数が相当の規模に上る会社では，個々の株主の要望に応じていたら，本業の経営に重大な支障が出ることになります（外部者の意図的な業務妨害行為も可能になります）。

　このように，株式会社では，株主が自ら経営をチェックすることが制限されるため，株主に代わって経営者をチェックする監視システム（コーポレート・ガバナンス）が組み込まれています。その1つが監査です。

　現在，株式会社の監査機関としては，監査役，監査委員会，監査等委員会，会計監査人の4種類があります。**監査役**は，取締役（経営者）の職務の執行が法令等に違反していないかどうかを監査します。「職務の執行」は，経営の全般に及び，会計に限られません。会計以外の業務を監査することを**業務監査**と呼びます。監査役は，会計監査と業務監査の双方を行います。監査委員会や監査等委員会も同様です。

　さらに，会社法では，一定規模以上（資本金5億円以上または負債総額200億円以上）の株式会社は「会計監査人による監査を受けなければなら

ない」としています。この「会計監査人」には，その会社と利害関係のない公認会計士または監査法人が就任することとなっています。これは，資本金や負債総額が一定規模以上になると株主と債権者が多く，社会的な影響が大きくなるため，上で述べた監査役などの監査機関とは別に，会計と監査のプロによる監査が必要だと考えられているからです。

③　上場会社等の監査―金融商品取引法監査―

「東証」という言葉，一度は聞いたことがあると思います。東京証券取引所の略ですね。「東証１部上場企業」というと，超有名大規模企業の代名詞です。

現在，わが国には全国で５つの証券取引所（東京，大阪，名古屋，札幌，福岡）があります。こうした証券取引所に株式を発行している企業は，上場企業と呼ばれます。証券取引所では，さまざまな投資者が上場企業の株式を売買していますが，これらの投資者を保護する法律が**金融商品取引法**です。

先ほど解説した会社法は，会社の設立から解散までの一般的な内容しか規定していません。たとえば，会社が株式を発行するとき，あらかじめ特定された投資者に発行するのか，それとも広く一般大衆（不特定多数の投資者）に発行するのか，不特定の投資者の場合には，会社の情報のうち何をどこまで，どのようなタイミングで公開することが公平なのか，何も規定していません。

特定の投資者であれば，株式を発行する会社とその投資者が直接会って条件を交渉します。ですから，投資者は，意思決定に必要な情報を交渉によって会社から引き出すことが可能です。しかし，相手が不特定多数の投資者の場合，企業がいちいち個々の投資者のさまざまな情報要求を調査して，それに応えることはコストの面で割に合いません。また，企業が提供する情報の内容や公開のタイミングが投資者間で異なれば，投資者は安心して投資を行うことができません。

　金融商品取引法は，こうした不特定多数の投資者を保護する法律です。金融商品取引法は，上場企業に**有価証券報告書**等の作成・開示を義務づけています。有価証券報告書には，投資者の投資意思決定に役立つと考えられる重要な情報を記載されています。また，有価証券報告書に含まれる財務諸表は，公認会計士または監査法人の監査を受けることが義務づけられています。

　これまでの会社法・金融商品取引法と監査との関わりについてまとめると，次の**図表 10-1**，**10-2** のようになります。

図表 10-1 各法令の特徴

	会　社　法	金融商品取引法
目的	債権者の保護 株主*の保護	投資者*の保護
対象企業	すべての会社	主に上場会社
主な開示書類	事業報告 計算書類 附属明細書	有価証券報告書 四半期報告書 内部統制報告書
開示書類に含まれる財務諸表の種類	貸借対照表 損益計算書 株主資本等変動計算書	貸借対照表 損益計算書 キャッシュ・フロー計算書 株主資本等変動計算書
監査	監査役監査 監査委員会監査 監査等委員会監査 会計監査人監査（大会社のみ強制）	公認会計士または監査法人による監査

*　会社法の株主と金融商品取引法の投資者との違いについて
　株主は，現在の株主ですが，投資者という場合，現在の株主だけでなく，将来，株主になることを検討している人々も含みます。また，金融商品取引法でいう投資者は，株式以外の証券（社債など）も含む広い概念です。

図表 10-2 監査の比較

法　律	監査の種類	監査の対象	資格要件
会社法	監査役監査*	取締役の職務の執行（会計監査および業務監査）	特になし
	会計監査人監査	計算書類等（会計監査）	公認会計士または監査法人
金融商品取引法	法令上の名称はない	財務諸表（会計監査）	公認会計士または監査法人

＊　この他，監査委員会や監査等委員会がありますが，ここでは省略します。

4　公認会計士と監査法人

　公認会計士。読者の皆さんも，もしかしたら，一度は聞いたことがあるかもしれません。公認会計士は，公認会計士法第2条1項により，プロとして会計監査を行うことが許された国家資格です。もちろん，公認会計士になるためには，**図表 10-3** に示したように，数々の難関をクリアしなければなりません。

図表 10-3 公認会計士になるためのステップと合格者数の推移

	願書提出者（人）	論文式試験合格者（人）	合格率（%）
平成 27 年	10,180	1,051	10.3
平成 28 年	10,256	1,108	10.8
平成 29 年	11,032	1,231	11.2
平成 30 年	11,742	1,305	11.1
令和元年	12,532	1,337	10.7

監査法人は，5名以上の公認会計士が出資者兼経営者となって設立する「会社」です。ただ，会社法の会社とは設置理念も規制も異なるので，法律上は「監査法人」という別の名称になっています。現在，わが国にはおよそ200の監査法人があります。

⑤　公認会計士の業務

公認会計士の資格は，プロとして監査を行うことが法律上許された唯一の資格です。上述の会社法における会計監査人監査，金融商品取引法における財務諸表の監査は，公認会計士または監査法人のみが行うこととされています。

なお，監査以外の業務（たとえば，経営コンサルティング）についても，公認会計士という資格名称を利用して行うことは可能です。また，公認会計士の資格を取得すると無試験で税理士資格を得ることができます。中小企業に対するサービスでは，税務業務への需要が圧倒的に多いため，税理士として活躍している公認会計士もたくさんいます。

また，会計や監査，証明業務のプロであることを活かして，さまざまな分野で業務を行っています。

図表 10-4 公認会計士の業務

法定業務	監査，レビュー*
	税務関連（相談，申告等）
法定業務以外（例）	一般的な経営コンサルティング
	株式上場の支援・助言
	ベンチャー企業の財務管理支援
	M&A 関連の助言，補助業務
	IT システムの構築・運用の支援

＊　監査よりも，手続が省略された簡易なチェックをレビューと呼びます。法令上は，四半期財務諸表に対して行われています。

6　公認会計士監査の特徴

　公認会計士による大企業の監査は，**財務諸表監査**と呼ばれて，一般の会計監査とは区別されます。その主な理由は次の通りです。

---

① 専門能力と実務経験をもち，監査を受ける企業と利害関係をもたない第三者の公認会計士が行う。
② 大規模企業に対して，内部統制の存在を前提に試査によって行われる。

　また，現在，財務報告に関わる内部統制については，経営者が内部統制報告書を作成し，財務諸表監査の監査人が，それを監査することになっています。以下，それぞれ解説します。

(1) 専門能力，実務経験，独立性

　企業の会計に関する専門知識や実務経験がなければ，そもそも監査対象を理解できず監査ができません。加えて，企業の会計システムに潜む弱点や盲点を理解し，単なる金額上の誤りや不正が発生する可能性についても評価できる専門能力が必要です。また，最近は，IT化が進み，企業の取引形態も高度化・複雑化しているため，公認会計士資格を取得してもなお，継続的に研修を積むことが法律上，義務づけられています。

　また，監査が外部の利害関係者（投資者や債権者）から信頼されるためには，監査を行う公認会計士は，監査を受ける企業に対して利害関係をもたないことが要求されます（**独立性**と呼ばれます）。たとえば，たとえ公認会計士の資格をもっていても，その企業の株主や債権者，あるいは役員・従業員である場合には，監査を行うことは法令上禁止されています。また，大規模企業の監査では，監査以外の業務（コンサルティングなど）を提供している場合，監査業務を同時に提供することは禁止されています。また，企業との癒着を防ぐため，公認会計士は，原則，7年または5年を超えて，同一の企業の監査を担当することはできません。

（2）　内部統制と試査

　内部統制は，企業の経営者が定め，運用するプロセスです。その目的は主に，企業内の経営活動を効果的・効率的に進めること，財務報告の信頼性を高めること，法令を遵守することにあるとされています。小さい企業なら，いつも経営者が個々の従業員に目を光らせていればよいのですね。

　しかし，従業員数が何千人，何万人，何十万人となるとそういうわけにはいきません。経営者の意思決定が，営業や製造といった企業の各現場に行き渡り，従業員が法令を遵守しながら活動を行うためには，各従業員の権限や責任を明確にし，仕事上の手続にさまざまな規則を設定することが必要になります。これが内部統制であり，企業規模が大きくなればなるほど，経営者は，厳密な内部統制を定めて運用しています。そして，公認会計士・監査法人は，この内部統制を利用し，**試査**と呼ばれる方法によって監査を行っています。

　試査とは，一部を抜き出して調査し，その結果（誤謬率，誤謬金額）から，全体の金額の確からしさを推定する方法です。現代の大企業は，年間の取引件数は膨大です。たとえば，仕訳の件数は，数千万件から数億件に上ります。その1つひとつを細かくチェックすることは，時間的，物理的，地理的にも不可能です。また，仮に可能であったとしても，費用の点で割に合いません。そこで，大企業の監査では，内部統制が適切に整備・運用されていることを前提に，試査によって行われます。内部統制が有効に機能していれば，内部統制の中で，会計上の誤りや不正は，未然に防止，または発見されるからというのが，その理由です。

　もちろん，内部統制がなかったり，内部統制が有効に機能していない場合には，試査は実施できず，精査（すべてを調査する）することになります。したがって，企業全体の内部統制の整備・運用状況が良好であるかどうかは，公認会計士や監査法人が，その企業と監査契約を新規に締結するかどうか，あるいはすでに監査契約を締結している企業と次年度も引き続き継続するかどうかを決定するときに重要な要素になります。

（3）　内部統制報告書と監査

　平成20年に始まる事業年度から，上場企業は，**内部統制報告書**を作成し，公認会計士または監査法人の監査を義務づけられています。これは，企業に，内部統制報告書を作成させ，また，専門家の監査を受けさせることで，**企業経営者に適切な内部統制の整備・運用を促し，不正な財務報告を防ぐための制度**です。

　もともと，経営者は，株主から預かった会社を適切に経営するため，会計のみならずさまざまな活動を適切に管理する責任があります。つまり，財務諸表は，財務担当の役員の管理下で従業員が作成しますが，その作成を適切に管理する最終責任は，社長である経営者にあります。

　ところが，残念なことに，過去の粉飾決算事例を見ると，経営者自身が粉飾に関与する事例が散見され，また，「会計の専門家でないのでわからない」と主張して責任を逃れようとする経営者もいました（その主張が不適切であることは，上の説明でわかりますね？）。

　そこで，経営者にその責任を自覚させ，適切に内部統制を整備・運用させて，その結果を報告させる制度が，この内部統制報告書制度です。さらに，内部統制報告書は，公認会計士または監査法人による監査を受けることになっています。

💡 *Exercise* ●

❶　身近な監査の例を取り上げて，その監査の手続について調べてみましょう。

❷　インターネットの監査法人のHPから，日本の監査法人が行っている業務について調べてみましょう。

❸　株式会社で監査が必要とされる理由について，まとめてみましょう。

❹　上場会社で監査が必要とされる理由について，まとめてみましょう。

❺　粉飾決算（利益の過大計上）の事例を取り上げ，そのときの監査人の責任について議論してみましょう。

さらなる学習のために

伊豫田隆俊・松本祥尚・林隆敏『ベーシック監査論（八訂版）』同文舘出版，2019年
　▷監査論の基礎から上級までを幅広く解説している。
吉見宏『ケースブック監査論（第5版）』新世社，2014年
　▷わが国において監査が問題となった15の事件とアメリカの事案1つを取り上げ，
　　解説している。

☕ コーヒーブレイク　＜人工知能によってなくなる？＞

　2013年，オックスフォード大学の研究者が，将来，コンピュータ化によって，47％に及ぶ職種がなくなるとする論文を公表しました。（Frey & Osborn（2013）The Future of Employment: How Susceptible are Jobs to Computerizaion?）これは，アメリカの約700種の職業を独自の観点で分類したもので，その後，日本の野村総合研究所とも共同で同様の研究を行っています。会計士や監査人は，将来なくなる可能性が非常に高い業種に分類されています。

　ところが，これらの研究は，単に日本の職業安定所の業種案内のような短い記述をもとに分類しただけもので，業務自体に対する深い洞察や分析はありません。しかも，現在や将来のテクノロジーも正しく理解しているか疑問です。

　現在の人工知能を支えるディープラーニング等の技術は，膨大な量のデータから一定のパターンを抽出して，それを予測や分類に役立てるものです。ですから，そのパターンが未来永劫続く領域であれば，その予測や分類は役に立ちます。反対に，データが少ない，あるいは新規な事象には適用できません。

　監査は，一定のパターンがある定型業務と勘違いされているように思います。しかし，企業内のシステムやプロセスは，日進月歩で変わっていきます。関連するデータの種類も変わっていきます。もちろん，監査もそれによってどんどん変わっています。

　監査人は，変転する企業活動の中で，データがどのような文脈で，どのように授受され，どのように計算・加工されているかを観察し，分析します。それは，企業活動から論理的に「意味」を取り出す作業で，残念ながら，現在の人工知能にはできませんし，将来も難しいでしょう。もちろん，転記や突合など，誰でもできる単純作業は人工知能でできるかもしれません。しかし，「意味」を取り出すような，判断に関わる業務はほとんど人工知能には代替できないでしょう。

　現在，実際に人工知能が応用されている分野は，画像や音声，データ・マイニングや自然言語処理ですが，それはすべて統計処理であって「文脈」や「意味」まではいっていません。会計や監査は，高度な「文脈」や「意味」を扱う職業ですので，おそらく，人間の知的職業として，最後まで残る職業となるでしょう。

会計の最先端に触れてみよう！

　＜第VI部　会計の最先端に触れてみよう！＞では，会計が活躍しているさまざまな分野の内容を学習します。企業のさまざまな活動を数値化して報告する会計は，近年さまざまな分野で利用され，発展しつづけています。

　第11章では，経営者が決算書の数値を調整する決算政策について学習します。決算政策の可能性について学習することにより，決算書の情報をより深く理解することができるようになります。第12章では，企業の社会的責任についての会計を解説し，第13章では非営利の公共サービスを提供する組織のための公会計について学習します。最後に第14章では，グローバル競争を生き抜くために，企業がどのように経営管理を行っているのか，会計の視点から実際の事例をもとに学習します。この3章は近年非常に注目されているテーマです。

第11章 **決算政策**

Key **W**ords

会計数値の操作，逆選択，会計方針の選択，ビッグバス

1 決算政策とは

　決算政策とは，経営者が意図的に会計数値を操作すること，をいいます。もう少し具体的にいうと，会社が決算において行う会計処理を通じて，貸借対照表や損益計算書に記載される売上や利益といった会計数値を調整し，その決算書を利用するさまざまな利害関係者の意思決定に影響を与え，経営者にとって望ましい結果をもたらす，という行動を決算政策とよびます。ここで大事なことは，多くの利害関係者がさまざまな目的で決算書の会計数値を利用している，ということです。たとえば，会社に資金を提供している株主が，経営者に一生懸命働いてもらい会社の価値を増加させるために，決算書の利益数値に応じて経営者に報酬を与えることもあります。また銀行が会社に資金を融資するかどうかを判断する材料として決算書の会計数値を利用することもあります。

　このように，決算書に計上されている会計数値は，多くの利害関係者によってさまざまな場面で利用されているため，会社が報告する会計数値は非常に重要な意味をもっているのです。だからこそ，会社の経営者はその会計数値を会社や経営者自身にとって望ましい数値に調整しようとする動機をもってしまうのです。経営者が作成した決算書で会計数値を報告し，多く

の利害関係者がその会計数値をさまざまな目的で利用し，その会計数値の利用が結果として経営者に何らかの影響を与える，という現象を会計数値の「ブーメラン効果」といいます。たとえば，非常に業績の悪い会社の経営者が正直に会計数値を報告し，会社に資金を提供している株主がその会計数値をみた場合，株主は無能な経営者を解雇し，より優秀な経営者を雇おうとするかもしれません。しかし，それを予想する経営者は，自分の解雇を回避するために，業績がよくみえるように会計数値を調整しようとするわけです。経営者はこのような会計情報のブーメラン効果を予想して，自分にとって望ましい結果をもたらす会計数値となるように決算政策を行うのです。これが学術用語で，**利益マネジメント**（earnings management）とよばれている会計行動です。

図表 11-1 "ブーメラン効果"のイメージ

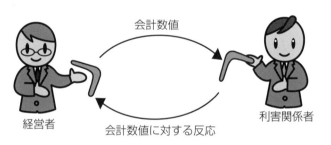

ここまで当たり前のように，会社が意図的に決算書の会計数値を調整する，というような説明を行ってきましたが，皆さんのなかには当然次のような疑問をもつ人もいるでしょう。

Q　経営者は決算書の会計数値を操作してもいいの？

この疑問に対する答えは，「ある範囲内であれば，許されている」というものです。ここで重要なことは，「ある範囲内で」というところです。会計数値を作成するために経営者は，会社が行う取引に対して何らかの会計方針を選択します。

たとえば，有形固定資産の減価償却方法として定額法や定率法といった

方法が会計方針として認められています。この会計方針の範囲を決めているのが「一般に認められた会計原則（Generally Accepted Accounting Principles, GAAP）」とよばれるものです。具体的にこの GAAP として，金融庁の企業会計審議会が策定した「企業会計原則」，公益財団法人財務会計基準機構の企業会計基準委員会が策定した「企業会計基準」，そして日本公認会計士協会が作成している「実務指針」，といった日本基準と米国の概念基準書（Statement of Financial Accounting Standards），国際財務報告基準（International Financial Reporting Standards）といった外国のGAAP が利用されています。これらいずれの GAAP においても，GAAPが定めている会計方針の範囲内であれば，会社は決算書に計上する会計数値を調整すること，つまり決算政策を行うことができる，ということになります。

　しかし，ここでまた新たな疑問が生じるでしょう。

Ｑ　なぜ GAAP は，ある範囲内で会計数値を調整することを許しているの？

　この疑問に簡単に答えることは難しいのですが，端的に答えるなら，「すべての事態を想定して GAAP を作成することができないから」ということです。つまり，将来に生じる可能性のあるすべての事態に対して，ありとあらゆる会計方針を定めておくことは不可能であるため，どのような事態が生じても柔軟に対応することができるように，複数の会計処理方法が認められているのです。多くの会社がさまざまな状態にあり，それらの会社すべてに適した会計方針を作成することは非常にコストがかかるため，それらの会社に将来生じるかもしれないあらゆる事態に対応した会計方針を作成することは不可能です。そのため GAAP は複数の会計方針を作成しておき，経営者が自分の会社に適した会計方針を選択することを認めているのです。

　しかし，このように GAAP が複数の会計方針を認めていることによって，経営者に決算政策を行う余地を与えてしまっているのです。経営者に決算政策を行わせないために会計方針を 1 種類に限定するという議論も存

在しますが，やはり多様な事態に柔軟に対応するためには複数の会計方針を用意する必要がある，と考えています。GAAPを作成している人々はこのようなジレンマに悩まされているのです。

　ここで，GAAPを作成するうえで，決算政策について考えなければならない重要な問題があります。

Ⓠ　決算政策はよいものなの？　悪いものなの？

　もしある決算政策が会社や利害関係者にとって望ましいものであるのなら，それは歓迎されるべきものですが，その決算政策が経営者にとって望ましいものであったとしても，他の利害関係者にとって望ましくないものであれば，それは防ぐ必要があるでしょう。

　そこで決算政策がよいものであるのか，悪いものであるのかを判断する必要が出てきます。これを判断するのに重要になるのが，経営者の決算政策を行う動機です。つまり，経営者が何のために決算政策を行っているのか，ということがわかれば，それが抑制されるべき決算政策なのか，歓迎されるべき決算政策なのかを判断することができます。たとえば，経営者がもし自分の報酬を上げるためだけに決算政策を利用しているなら，そのような決算政策は抑制されるべきですが，経営者が決算政策を行うことにより，会社の将来性が明らかになるなら，その決算政策は歓迎されるでしょう。

　そこで②では，経営者の決算政策の動機について議論しましょう。

②　決算政策の動機

　なぜ決算書の会計数値を意図的に調整する決算政策が経営者によって行われるのでしょうか。前述したように，その理由は，多くの利害関係者がさまざまな目的で会計数値を利用して意思決定を行っているからです。たとえば，大学生の皆さんが大学から受け取る「学業成績表」をある程度調整できるとすればどうでしょうか。その学業成績表は奨学金の受給や就職

活動などさまざまな場面で利害関係者の意思決定に利用されます。このような状況で成績を調整できるのであれば，皆さんは自分にとって望ましい学業成績表に作り替えるでしょう。逆に，学業成績表を受け取っても，奨学金や就職活動などでまったく利用されないなら，成績を調整する動機はなくなります。

　経営者も同様に，会社の成績表である決算書を報告し，その会計数値をさまざまな利害関係者が利用して意思決定を行い，その意思決定の結果が経営者自身にブーメランのように返ってくるのであれば，それを予想して，経営者は自分にとって都合のよい会計数値を作り出すために決算政策を行うでしょう。もちろん，自由に会計数値を操作することができれば，そんな会計数値はまったく信用できないので，誰にも利用されなくなります。そこで GAAP はある程度の操作の余地は残しつつ，利用可能な会計方針を限定し，その GAAP のもとで作成された決算書が公認会計士または監査法人によって監査され，会計数値に保証を与えているのです。この監査済みの会計数値をさまざまな利害関係者が利用し，経営者に影響を与えているのです。

　では，どのような動機の決算政策は望ましくなく，どのような動機の決算政策は望ましいのでしょうか。

　望ましくない決算政策とは，決算政策によって経営者は得をするけれど，その分その他の利害関係者が損をしてしまう決算政策です。会社に資金を提供している株主は，経営者に一生懸命頑張って資金を運用してもらい，会社の価値を高めようと思い，会社の業績に連動した報酬を経営者に与えようとしている場合，経営者は自分の報酬金額を増加させるために，決算政策を行うかもしれません。すると経営者は努力していないのに利益が増加したようにみせかけることができ，その利益の増加分報酬を多く得ることができます。経営者は報酬が増えるのでうれしいですが，その報酬を支払うのは株主であるため，株主にとっては望ましくありません。このような決算政策は抑制されるべきでしょう。

　一方，望ましい決算政策とは，決算政策によって経営者も得するけれど，

その他の利害関係者も得をするような決算政策です。たとえば，会社の将来性を投資家などの利害関係者にアピールしようと経営者が考えている場合，言葉で伝えてもなかなか説得力がありません。そこで経営者は利益数値を調整して，自社の将来性が非常に有望であるということを利害関係者に伝えようとします。このような決算政策は，投資家などの利害関係者にとって会社の将来性を判断するうえで非常に役立つものであるため望ましく，また経営者にとっても会社の評価が高くなるため望ましい決算政策といえます。このような決算政策は歓迎されるべきでしょう。このように利害関係者を犠牲にして経営者が得をするような決算政策は抑制されるべきであり，誰も犠牲にならずに経営者や利害関係者が得をするような決算政策は歓迎されるべきです。

　この2つの決算政策を分ける重要な概念が情報の非対称性です。経営者とその他利害関係者との間に情報の非対称性があるとさまざまな問題が生じます。第1章③で学習した「モラル・ハザード」はその代表例です。つまり何かを頼まれたエージェント（経営を任された経営者）がプリンシパル（経営を頼んだ株主）とのエージェンシー関係において情報の非対称性が存在している場合に，経営者が株主の期待どおりの働きをしないという「モラル・ハザード」が生じる可能性があります。株主は経営者の行動を監視しつづけることができないので，経営者は株主の望まない行動の1つとして決算政策を行う可能性があるのです。具体的には，会社の経営を任された経営者に一生懸命頑張って働いてもらおうと思い，利益に連動した報酬を与えようとした株主の期待を裏切って，経営者は決算政策により利益を増加させ，多くの報酬を獲得しようとするかもしれません。このような決算政策は排除されるべきです。

　しかし，情報の非対称性はもう1つ重大な問題を引き起こします。たとえば，投資家が会社に投資しようと思っているけれど，投資家はその会社の本当の価値がわからない。しかし，その会社の経営者は自分の会社の価値がどれほどのものであるのかをよく知っている。このような情報の非対称性が存在する場合，「逆選択」という問題が生じます。③で逆選択の問

題について議論しましょう。

③　逆選択と決算政策

　逆選択（adveres selection）とは，ある人は品質や能力についての情報をもっているけれど，他の人は情報をもっていない状態において生じる問題です。たとえば会社の経営者は自社の価値を知っているけれど，会社に投資しようと考えている投資家はその会社の価値を知らない，という状況において問題が生じます。このような状況でどのような問題が生じるでしょうか。1997 年にノーベル経済学賞を受賞したアカロフという学者が逆選択という問題を提示し，その発生するメカニズムを明らかにしました。簡単な例で，逆選択が発生するメカニズムを学習しましょう。

　ここに 2 つの企業があるとします。どちらの企業とも株価は 100 となっており，あなたはどちらか 1 社の株式を購入しようとしています。あなたは経験的に，どちらかの企業は正直に価値を公表しているが，他方の企業は真の価値は 50 なのに不正会計により価値を 100 まで不当に水増ししている，ということを知っています。しかし，どちらの企業が不正会計により価値を水増ししているのかまではわかりません。しかし，企業の経営者は自社の正確な企業価値を知っています。ここに，投資家であるあなたと経営者との間に，価値についての情報の非対称性が存在しています。

　この状況下で，あなたはいくらで株式を購入しようとするでしょうか。2 分の 1 の確率で，あなたは本当は 50 の価値しかない不正会計企業の株式を 100 で購入してしまいます。そのため，あなたは株価を信用できず，100 より低い価値（たとえば 75）で企業を評価するでしょう。すると，本当に 100 の価値がある企業の経営者は自社を低く評価する投資家には株式を発行する動機はありませんが，本当は 50 の価値しかない不正会計企業の経営者は喜んで株式を発行するでしょう。その結果，あなたは不正会計企業の株式を購入することにより，損をすることになります。

　こうなることを事前に予想できるあなたは，そんな株式投資は行わない

でしょう。すると，誰も企業の株式を買わなくなり，企業もまた株式発行で資金を調達することができなくなるのです。これが「**逆選択**」という現象です。上場企業の中で不正会計をしている企業が存在していると投資家が思っているなら，投資家は万が一自分が不正会計企業の株式を購入してしまうかもしれない，というリスクを考慮して，株式を低く評価することになり，自社を正当に評価してくれない資本市場では資金調達できないと企業は市場から撤退し，その資本市場は崩壊してしまいます。

図表 11-2 「逆選択」のイメージ

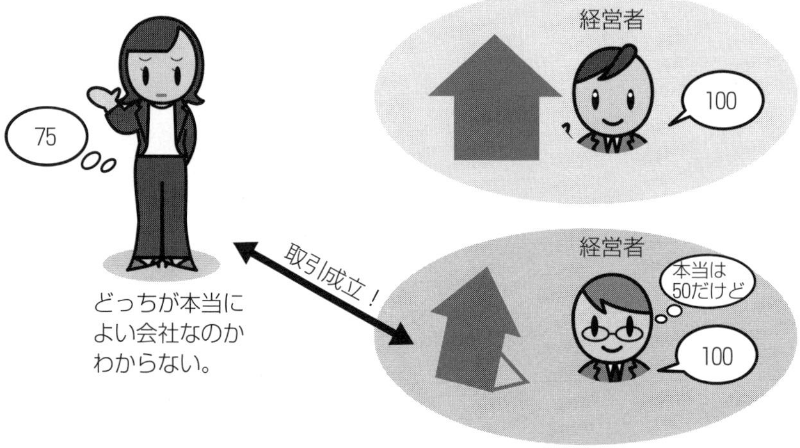

この逆選択を軽減するためには，情報をもつ人々と情報をもたない人々との間の情報の非対称性を減少させる必要があります。つまり先の例においては，会社が自社の価値を公表して，投資を行おうとする人々に情報を伝達して，会社の価値に関する情報の非対称性を減少させる必要があるのです。これをディスクロージャーといいます。会計の重要な役割の１つは，利害関係者に会社の価値を表わす会計数値を報告することで，情報の非対称性を削減し，この逆選択問題を軽減することにあります。

逆選択問題を軽減するには情報の非対称性を削減する必要がありますが，実はこの逆選択を軽減するための決算政策というものも存在しており，このような決算政策は望ましいものであるといえます。つまり，モラル・ハ

ザードにより行われる決算政策は望ましいものではなく，抑制されるべき
であるが，逆選択を解消するための決算政策は望ましいものとなるのです。

　④において，具体的にどのような決算政策があるのかをみていきましょ
う。

④　さまざまな決算政策

（1）　利益を増加させる決算政策

　もっともよく観察される決算政策は，利益を増加させるような決算政策
です。経営者が利益を増加させようとする代表的な動機は報酬です。たと
えば，利益連動型報酬を受け取る経営者が，自分の報酬金額を増加させる
ために利益を増加させる，というものです。経営者は自分の報酬が多けれ
ば多いほどうれしくなるでしょうから，利益に連動して報酬が増加するの
であれば，決算政策により利益を増加させようとするでしょう。この決算
政策は，経営者が株主の期待を裏切っているモラル・ハザードであるため，
望ましくない決算政策です。

　利益を増加させる決算政策の一例として，有形固定資産の減価償却方法
の変更があります。たとえば，資産の利用初期段階において，定率法は定
額法よりも多くの減価償却費をもたらします。しかし利用後期段階では，
定率法のほうが減価償却費は少なくなります。この性質を利用して，資産
の利用初期段階であれば，定率法から定額法に会計方針を変更することで，
利益を増加させることができるのです。

（2）　利益を減少させる決算政策

　次に，あまり観察されない決算政策ですが，利益を減少させる決算政策
というものもあります。経営者が利益を小さくみせようとする動機として，
わかりやすい例は，鉄道や電気，ガスといった公共事業を営んでいる会社
の決算政策があります。このような公共事業を営む会社は，あまり大きな

利益を作り出してしまうと，国からの規制により公共料金の引き下げが行われてしまいます。そこでこのような会社の経営者は，あまり収益力が高くないことをアピールするために，利益を小さくみせる動機をもつのです。このような決算政策も国や国民の期待を裏切るモラル・ハザードであるため，望ましくない決算政策であるといえます。

（3）　利益を平準化する決算政策

　もっとも多くの会社が行っている決算政策が，利益を平準化するという決算政策です。利益を平準化するということは，会社が毎期報告する利益の金額を可能な限りでこぼこを少なくなるように調整することです。なぜ経営者はこのような決算政策を行うのでしょうか。さまざまな理由があるのですが，1つの重要な動機は，企業の将来性についての情報を投資家に伝達することです。毎期の利益が大きく増減している場合，来年以降の利益を予想することが困難です。しかし，その利益の増減を限りなく小さくするような決算政策を経営者が行うことで，毎期の利益がなめらかに右肩上がりの傾向を示すことにより，投資家に向けてこれからも会社は右肩上がりで成長することを示すことができます。このような決算政策は，会社と投資家との間の情報の非対称性を削減し，逆選択問題を解消するものであるため，望ましい決算政策であるといえるでしょう。

図表 11-3　平準化された利益

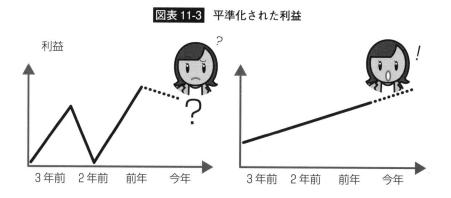

(4)　V 字回復を達成する決算政策

　2000 年 9 月に日産自動車の社長としてフランスのルノー社との資本提携によりカルロス・ゴーンが就任しました。その後の劇的な日産自動車の V 字回復はカルロス・ゴーン社長の経営手腕のたまものとして語り継がれています。しかし，実はあの V 字回復の背後には決算政策の影響があるのです。その例を実際の日産自動車の決算書の数値をみながらみていきましょう（**図表 11-4**）。

図表 11-4　日産自動車の会計数値（連結ベース）

（単位：億円）

	1997 年度	1998 年度	1999 年度	2000 年度	2001 年度
売上高	65,646	65,800	59,771	60,896	61,962
営業利益	843	1,097	825	2,903	4,892
経常利益	47	244	△ 16	2,823	4,147
税引前利益	△ 245	△ 5	△ 7,127	2,897	3,642

　売上高に注目すると，1999 年度までは減少傾向ですが，2000 年度より回復傾向がみてとれます。これはゴーン社長によるヨーロッパ風のデザインをとり入れた新車種投入といった再生計画によるものです。次に日産自動車の本業で獲得した利益である営業利益の推移をみますと，2000 年度から劇的に増加していることがわかります。これも車両プラットフォームやエンジンなどといった部品をさまざまな車種で共通化し，コストカット（原価低減）した結果，営業利益の大幅な上昇につながったのです。では，この本業で獲得した利益に，本業外で継続的に発生してくる収益と費用を加減した経常利益をみますと，これも 2000 年度より大幅に増加していることがわかります。ゴーン社長は日産自動車が保有していた有利子負債の削減に努めて，利息費用の削減に成功したため，営業外費用が大幅に削減され，結果として経常利益の大幅な増加につながりました。

　ここまでは，ゴーン社長による大規模なリストラクチャリングや経営戦

略の結果として生じた利益上昇であると考えることができます。しかし，税引前当期純利益に注目したときに，1999年度における赤字が他の利益項目の減少幅を遥かに超えて大きく減少していることがわかるでしょう。経常利益と税引前当期純利益の間にあるのは，特別利益と特別損失といった特別項目です。この特別項目の内容がどのようなものであるのか，を詳しくみる必要があります。すると「事業構造改革特別損失」という項目で約2,327億円もの特別損失が計上されており，企業改革がいかに大規模だったのかを物語っています。

　図表11-5をみると，カルロス・ゴーンが執行役員としてリストラクチャリングを実行していた1999年4月から2000年3月の間に，会計方針の変更が行われ，その結果として経常利益が287億円，税引前当期純利益が2,957億円減少していることがわかります。そしてその翌期である2000年4月から2001年3月の会計期間において，会計方針の変更により経常利益が291億円増加しているのです。企業会計原則の1つである「継続性の原則」が正当な理由のない会計方針の変更を禁止しているのですが，リストラクチャリングによる工場閉鎖や人員削減といった費用に紛れる形で，会計方針の変更により大きな費用を捻出し，翌年には利益を上昇させるような会計方針の変更が行われているのです。このような赤字の状態なのに，さらに損失を計上して利益を引き下げるという，一見非合理的ですが，経営者による戦略的な決算政策を「ビッグバス」（Big bath）といいます。ビッグバスは意図的に大きな赤字を計上し，翌年に大きな利益が出るようなV字回復を演出する際に利用されます。

図表11-5 会計方針の変更により，利益に与えた影響額

（単位：億円）

	1997年度	1998年度	1999年度	2000年度	2001年度
売上高	0	0	0	0	0
経常利益	0	0	△287	291	0
税引前利益	0	0	△2,957	291	0

6　ま と め

　本章では，経営者によって行われている決算政策とは何か，なぜ決算政策が行われるのか，どのようにして決算政策が行われるのか，を学んできました。

　決算書の数値を読み解き，決算書の背後に隠された経営者の考えを解き明かすためには，決算政策の手法や決算政策の動機を知ることが非常に重要となります。

　決算政策を学ぶことにより，表面的には劇的な V 字回復を果たした企業が，実は単なる決算政策によるものであり，実際の企業価値は V 字のようには回復していないことを見抜くことができるのです。

❓ Exercise ●●●●●●●●●●●●●●●●●●●●●●●●●●●●●●●●●●●●●●●

❶　利益を増加させる決算政策にはどのようなものがあるか考えてみましょう。
❷　どのような決算政策が望ましいものであるのか考えてみましょう。

🔖 さらなる学習のために ─────────────────────────

前川修満『会計士は見た！』文藝春秋，2015 年。
須田一幸・山本達司・乙政正太編著『会計操作』ダイヤモンド社，2007 年。

社会環境会計と企業の社会的責任

Key Words

社会的アカウンタビリティ，非財務情報，ステイクホールダー理論，ESG 投資，SDGs

1　社会・環境問題と会計

　読者のみなさんは，将来，どのような会社で働いてみたいでしょうか？「利益があがっている企業であれば，どんな企業でもかまわない」という人はむしろ少数派でしょう。「ブラック企業」という言葉が少し前に流行ったことは記憶に新しいところです。一般的にブラック企業で問題にされるのは，利益以外の事柄です。「劣悪な労働環境」や「極端なサービス残業」といった労働条件はもちろん，広い意味では，環境汚染，製品責任，法令遵守などの企業の社会的責任（CSR）にかかわる事柄も問題にされることもあります。

　企業の活動は，商品（製品）やサービスの提供を通じて，私たちの生活に大きな価値をもたらす一方で，ときには，さまざまな社会問題や環境汚染などを直接的・間接的に引き起こしてしまうことも事実です。さらに，最近ではソーシャルビジネスや環境ビジネスなど，企業には，そういった問題を解決する役割も期待されています。社会における企業の役割が増大しつつある現在，単に貨幣的な利益を獲得する以上のことが企業に期待されていると言えるでしょう。

　会計（accounting）は，企業の説明責任のメカニズムを研究対象とする

学問領域です。企業の主たる目的が，利益獲得にある以上，利益計算が会計の主たる研究対象となります。しかし一方で，企業に利益獲得以上のことが期待されていることから，企業が報告すべき内容は，利益に関わることに限定されるべきではありません。そのため，会計の対象は，利益の計算にとどまらない広がりをもちます。そのことを端的に示す領域の 1 つが，この章で扱う社会環境会計論です。

　この章では，基本的な概念の学習の後，社会環境会計論の一領域である社会環境報告について学びます。

2　社会環境会計論における諸概念

(1)　社会的アカウンタビリティと企業の社会的責任

　会計報告の基礎には説明責任（アカウンタビリティ）があります（第 1 章）。企業は，どのような説明責任を，どのような人々に対して負うべきでしょうか。社会環境会計論では，社会で企業が果たす役割の増大に伴って，企業が負うべき説明責任もまた拡大していると考えます。企業には，利益計算の結果を示して財務的アカウンタビリティを果たすことに加えて，自社の活動に関連して**社会的責任**を有する活動を説明する責任，すなわち**社会的アカウンタビリティ**がある，と考えます。この考え方は「社会的アカウンタビリティ論」と呼ばれており，社会環境会計論の基本的な前提となっています。

　次に，社会的責任の中身について考えましょう。企業の社会的責任は，一般に **CSR**（Corporate Social Responsibility）と呼ばれます。類似した用語にサステナビリティがありますが，CSR とほぼ同一の意味で使用されます。なお，最近，メディア等で取り上げられることの多い SDGs（Sustainable Development Goals）はサステナビリティに関する 17 の大きな目標を示しています。SDGs は，企業だけを対象にしているわけではありませんが，目標の達成に企業の取組みは必要不可欠であると考えられてい

ます。

　CSR の例を挙げていくと，たとえば，UNIQLO で知られるファースト
リテイリングは，自立支援や雇用等を通じて難民支援をしています（ユニ
クロのサステナビリティ　https://www.uniqlo.com/jp/sustainability/
action/?refugee（2018/10/23））。環境保全で知られる Patagonia は，売上の
1％を環境 NGO に寄付することを定めているそうです（パタゴニア　1％
フォー・ザ・プラネット　https://www.patagonia.jp/one-percent-for-the-
planet.html（2018/10/23））。LEGO は，2030 年までに石油由来のプラスチッ
クを脱却し，植物由来の新素材に切り替えることを宣言しています（LEGO
GROUP　https://www.lego.com/en-us/aboutus/news-room/2015/june/
sustainable-materials-centre（2018/10/23））。トヨタ自動車は，2050 年まで
に新車から排出される温室効果ガスの排出量を 2010 年比で 90％低減する
ことを目標にあげています（トヨタ　環境への取り組み　https://www.
toyota.co.jp/jpn/sustainability/environment/challenge2050/6challenges/#ch1
（2018/10/23））。インターネットで検索すれば，他にも CSR と言えそうな
事例を見つけることはできるでしょう。

　CSR の考え方を，より根本的な次元で理解するときに便利なのが，**ス
テイクホルダー理論**と呼ばれる考え方です。ステイクホルダー
(stakeholder，日本語では利害関係者と訳されることもあります) とは，企業
に対して直接的・間接的な利害関係を有する人たちのことを指しており，
経営者と株主だけでなく，従業員，顧客，取引先，債権者，地域，政府な
ど，広くは社会一般や将来世代などが含まれます。

　第 1 章で取り上げたエージェンシー関係では，経営者と株主の関係に焦
点が当たりやすいのに対し，ステイクホルダー理論のもとでは，株主以
外のステイクホルダーとの関係もクローズアップされます。ステイク
ホルダー理論では，企業は株主だけではなく，さまざまなステイクホル
ダーの利益のために運営されるべきであると説かれます。上に挙げた
CSR の例でも，株主以外のステイクホルダーが密接に関係しているこ
とはわかるでしょう。

　株主だけでなく，より多くのステイクホルダーに配慮することは，一見，倫理的で素晴らしいことに見えますが，株主と経営者の**エージェンシー関係**（第 1 章）からみると，必ずしもそうではありません。株主から受託した資産を，経営者が株主以外の利益のために使用することは**モラル・ハザード**であると考えることもできます。事実，経済学者のミルトン・フリードマンは，企業にとっての社会的責任は，なるべく多額の利益を獲得することだけである，と言い切って CSR の考え方を批判しています。株主と経営者のエージェンシー関係をベースにする考え方と，ステイクホルダー理論をベースにする考え方は，対立関係にある部分もあると考えられています。ただし，さまざまなステイクホルダーの利益を考慮することが，最終的に株主の利益につながるのであれば，2 つの考え方はむしろ両立する可能性もあるでしょう。

　いずれにせよ，社会環境会計論は，CSR，より根本的にはステイクホルダー理論からの強い影響を受けています。拡大するアカウンタビリティに対応し，会計報告の相手先もまた，社会一般に拡大していかなければならないと考えます。

（2）　社会環境会計と環境会計

　日本では環境会計という用語のほうが一般的によく使用されますが，英語圏では，本章で使用している社会環境会計（social and environmental accounting）の用語のほうが一般的です。もともと，企業の従業員問題や製品責任などの報告を扱う分野が，社会会計（social accounting）と呼ばれていました。80 年代以降，この領域において環境問題がクローズアップされるようになったことから，社会会計に代わって，社会環境会計と呼ばれるようになりました。ちなみに，社会会計と呼ばれていた分野には，企業や組織を単位とするミクロ会計と，国家や地域を対象とするマクロ会計の 2 種類があり，ここでは前者の意味での社会会計を指しています。

　また，先述したように，日本では環境会計という用語のほうが一般的である理由の 1 つは，2000 年以降，環境省が**環境会計ガイドライン**を公表し，

多数の企業がその結果を公表していることにあります。環境省の環境会計ガイドラインでは環境会計を次のように定義しています（環境省「環境会計ガイドライン2005年版」）。

> 企業等が，持続可能な発展を目指して，社会との良好な関係を保ちつつ，環境保全への取組を効率的かつ効果的に推進していくことを目的として，事業活動における環境保全のためのコストとその活動により得られた効果を認識し，可能な限り定量的（貨幣単位又は物量単位）に測定し伝達する仕組み

　この定義では環境保全のためのコストと，その効果を可能な限り定量的に認識にすることを示しており，より具体的です。社会環境会計論からみると，環境省が示した定義は環境会計の1つの具体的な方法ではありますが，すべてではありません。

　また，**マテリアル・フローコスト会計**も，社会環境会計の1つの手法として知られています。マテリアル・フローコスト会計は，廃棄物の原価に焦点を当てることで，廃棄物の削減とコストの削減を同時に実現させることを意図しています。

　なお，（社会）環境会計というとき，環境省の環境会計ガイドラインやマテリアル・フローコスト会計など，具体的な会計手法を指すときもあれば，会計の視点から社会・環境問題を扱う研究領域全般を指すときもあります。

③ 社会環境報告の展開

　この節では，社会環境会計の一領域である社会環境報告の展開をみていきます。特に英語文献では，社会環境会計（social and environmental accounting）と社会環境報告（social and environmental reporting）が，ほぼ同一の意味で使用されることもあります。企業の社会と環境に関係する情報には，貨幣情報だけではなく，物量情報や記述情報が多く含まれます。社会環境報告は，社会環境会計の結果を開示するための手段としてはもち

ろん，それ独自の展開をしてきたと言われます。

　「第 6 章　決算書の調べ方」でみたように，企業はさまざまな報告書を発行していますが，その中に，環境や社会に関する報告書が含まれています。そういった報告書は，CSR 報告書，環境報告書，サステナビリティ報告書など，さまざまな名称で呼ばれています（この章では以降，単にCSR 報告書と呼びます）。今日では，多くの企業が CSR 報告書を作成しているので，企業が CSR 報告書を作成することは当然のことと思うかもしれません。しかし，多くの企業が CSR 報告書を発行するになるまでには，長い道のりがありました。

（1）　社会環境報告の普及

　社会や環境に関する情報は，もともとは現在のような独立した報告書ではなく，欧米企業の財務報告書の中で，全体の中のごく一部の情報として報告されてきました。1970 年代までは，従業員，製品，地域との関わりに関する事柄が中心であったことが知られています。1980 年代以降になって，環境問題への言及も目立つようになってきました。90 年以前については，学術的には活発な議論はあったものの，実務という点では，社会環境報告は非常に限定的なものでした。

　90 年代以降，社会的アカウンタビリティの考え方が実務にも浸透していきますが，そのきっかけとなったのは，1989 年の**エクソンバルディーズ号事件**であると言われています。1989 年，アラスカ湾でエクソンバルディーズ号が座礁し，原油を流出させたことにより，甚大な環境被害を引き起こしました。これを機に，アメリカでは企業が環境問題に積極的にかかわるべきであるという考え方が隆盛になり，環境保護団体と投資関係団体が **CERES**（Coalition for Environmentally Responsible Economies, 環境に責任をもつ経済のための連合）を設立しました。同団体は，企業に環境保全を求める「バルディーズ原則（後に CERES 原則と改称）」を公表し，この中に，環境報告の考え方が盛り込まれ，企業の環境報告に関する機運を高めることになりました。

その後，CERES が中心となり，国連環境計画（UNEP）の支援の下，1997 年には，**GRI**（Global Reporting Initiative）が設立され，2000 年に，最初の「サステナビリティ報告ガイドライン」を公表しました。このガイドラインは，ジョン・エルキントンが提唱した**トリプルボトムライン**の考え方を採用し，環境，社会，経済の3つの領域における利益の調和を目指した報告を理念としています。また，株主だけでなく，より広い社会一般を利用者として想定する**マルチステイクホールダーアプローチ**の考え方を採用しています。GRI は，2013 年までガイドラインを改訂し続け（通称，G1からG4），2016 年には GRI スタンダードに移行することを発表しました。

GRI によるガイドラインにより，CSR 報告書を作成する企業の数は国際的に急増し，社会環境報告の実務は，飛躍的に普及しました。GRI には法的拘束力はなく，その適用は企業の自発性に委ねられています。大企業であれば，多くの場合，GRI の趣旨に即した報告書を発行しているので，企業が CSR 報告書を公表するのは，当然である，と思うかもしれませんが，現在のように，多くの企業が，この実務に取り組むようになったのは実は比較的最近のことです。

なお，GRI は国際的なガイドラインですが，日本国内をみると，2000 年以降，環境省が関連するガイドラインを公表しており，これらのガイドラインも日本企業の CSR 報告書に大きな影響を与えてきたと言われています。

（2）　社会環境報告に対する批判

現在では，多くの企業が CSR 報告書を発行し，それにより社会や環境に関する説明責任を果たしているようにみえます。これは社会的アカウンタビリティ論からみれば，望ましいことであると言えるかもしれません。しかし，企業が社会や環境について報告することを，手放しで喜んでよいのでしょうか？

「グリーンウォッシング」という言葉を聞いたことがあるかもしれませ

ん（最近では，SDGs の隆盛にちなんで，「SDG ウォッシュ」とも言われます）。自社が環境に良いことを過度に強調する企業を非難する趣旨で使用される言葉で，環境 NGO などが企業を批判する趣旨で使用することで広まった言葉です。社会環境報告も，グリーンウォッシングに利用されている可能性を否定することはできません。

　社会環境報告が望ましくない形で利用されている可能性は，とりわけ英語文献上の社会環境会計論では，企業の正統化行動との関わりで議論されてきました。**正統性理論**では，社会環境報告は企業の正統化戦略のための道具として使用されている，と説明されます。企業は，社会の中で「正統」な存在であると認められる必要があり，そのためには，企業は，社会の規範と調和した行動をとらねばなりません。本来的には，企業行動の実態が，社会の規範と調和する必要があるわけですが，正統性は，人々の認識の問題です。（極論すれば）実態はどうあれ世間の人々がどのようなイメージを自社に対してもってくれるか，が問題です。そこで，社会の人々が自社に対して良いイメージをもってくれるよう，企業が社会環境報告を利用している，というのが正統性理論からみる社会環境報告です。

　CSR 報告書を作成する企業が増大したことで，社会環境報告が普及したことは，日本では比較的，好意的に受け止められることが多いですが，英文の学術研究では，批判的な見解も多くみられます。たとえば，正統性理論の立場からの研究では，実は環境に悪い企業ほど，社会環境報告に熱心であるという考え方も存在します。環境に悪い企業ほど，自社の正統性に疑問符がつく危険性が高いので，社会環境報告を利用して，自社の正統性を維持するのに熱心である，というわけです。また，事故や不祥事を起こすと，企業は一時的に，社会環境報告に熱心になることも経験的に知られています。環境事故により，自社の正統性を脅かされた企業が，正統性を回復するために，熱心に社会環境報告を実施していると説明されます。

　単なる正統化行動やグリーンウォッシングではなく，ある程度の信頼性をもつ報告書と認められるには，CSR 報告書で開示されている情報に信頼性が求められます。1 つの考えられる方法として，財務諸表監査に類似

する手続きを CSR 報告書に対しても実施することがあります。この実務は，**CSR 報告書の第三者保証**と呼ばれています。財務諸表監査とは異なり，CSR 報告書の第三者保証は，企業が自発的に受けるものです。新しい実務であり，CSR 報告書の信頼性を担保するための制度として確立するためには，まだ克服すべき課題も多いのが現状です。

（3）　自発的な社会環境報告の論拠

　ところで，正統性理論の立場からみると，社会環境報告の大部分が，現在のように，企業の自主性に委ねられているのは，社会にとってむしろ有害とも考えられます。なぜなら，正統性理論からみれば，実態的には社会や環境に悪い企業ほど，社会環境報告を利用し，イメージ操作をしている可能性が高いと考えられるからです。このような立場からは，自主的な社会環境報告は，本来は規制・制限されるべきであるとも言えます。

　これに対して，反対側からの意見も存在します。実態的に環境や社会に良い企業ほど，熱心に環境報告をしているはずなので，自発的な社会環境報告にそれほど大きな問題はない，という，むしろ楽観的な考え方です。その考え方の根拠は，**情報の非対称性**を低減させようとするインセンティブ（動機）の強さにあります。環境によい企業ほど，情報開示を実施することにより，情報の非対称性を低減し，自社が他社よりも優れていることを示すことができるはずです。逆に，環境や社会に悪い企業は，情報の非対称性が低減されてしまうと，自社が他社に比較して劣っていることが明らかになってしまいます。このように考えると，環境や社会によい企業ほど，社会環境報告に熱心に取り組んで，自社が優れていることを示そうとするはずと考えられます。現在でも，CSR 報告書の内容の多くが規制されていない論拠の 1 つは以上のような考え方にあります。

（4）　投資家を志向し始めた社会環境報告

　ステイクホルダー理論や社会的アカウンタビリティでみたように，企業は株主だけでなく，社会一般に対し説明責任を負う，というのが社会環

境報告のそもそもの考え方でした。ところが，最近になって，社会環境報告が，投資家との関係で議論されることが多くなってきました。その背景の1つには，**ESG 投資**の成長があります。ESG とは，環境（E），社会（S）およびガバナンス（G）の頭文字であり，ESG を配慮した投資を ESG 投資と呼びます。ESG を重視することが，企業の長期的な収益性や成長性に影響を及ぼすはずであるという考え方が前提となっています。

ESG 投資が普及するきっかけの1つに，**PRI**（責任投資原則，Principles for Responsible Investment）がありました。この原則は，2006 年，当時国連事務総長であったコフィー・アナン氏の主導のもとに公表されたもので，6つの原則が ESG の要素を投資の意思決定に組み込むことを求めています。PRI には多くの機関投資家が署名し，これにより ESG 投資は，ごく一部の特定の投資家ものではなく，より広範囲な機関投資家を対象とした投資のための考え方として認知されるようになりました。

さて，ESG 投資の考え方が普及すると，投資家は，その企業に投資するかを考える際に，財務諸表以外から得られる情報にも大きなウェイトをおくようになることが予想されます。財務諸表から得られる財務情報に対して，財務諸表外の情報は，**非財務情報**と呼ばれ，注目を集めるようになりました。非財務情報の中には，さまざまなものが含まれますが，その中に，社会と環境に関する情報も含まれます。このような背景から，社会環境報告には ESG 投資を意識した流れが生まれることになりました。

投資家を志向する以前は，社会環境報告の領域では，国際的には GRI の枠組みに基づく自発的開示が支配的でした。ところが，ESG 投資を意識した流れが一因となり，社会環境報告の領域では，その他の関係団体の影響力も大きくなってきました。いくつか例を挙げて紹介します。

アメリカでは，企業が米国証券取引委員会（SEC）に提出する年次報告書類での開示を念頭においた基準策定を，2011 年に設立された **SASB**（Sustainability Accounting Standards Board）が進めています。SASB の基本的な考え方は，重要（マテリアル）な情報は，業界ごとに異なるという点にあります。たとえば，エネルギーを大量消費する電力業界にとって温

室効果ガスに関する情報はとても重要ですが，金融業界にとっては，それほどでもないでしょう。そこで，SASB では，サステナビリティの観点から独自の産業分類（SICS: Sustainable Industry Classification System）を作成し，産業ごとに基準を定めています。SASB と SEC は連携関係にありますが，SASB が策定する基準の採用は，現時点では，義務化されているわけではなく，今後の影響力は未知数です。

　さらに，**金融安定理事会**（Financial Stability Board）のタスクフォースが，2017 年に最終報告を公表し，投資家向けの制度書類（日本では有価証券報告書）において，気候変動に関わる情報開示を強化するように提言しました。これを受け，2018 年，**CDSB**（Climate Disclosure Standard Board）は，同タスクフォースの提言を盛り込んだ形の環境報告のためのフレームワークの改訂版を公表しました。

　CDP は，質問票の送付を通じて，企業に対して ESG に関する情報開示を促す国際 NGO です。質問票による調査の結果は，CDP のホームページで公開されており，そのデータは世界でもっとも参照されている ESG データの 1 つであると言われています。CDP はもともと Carbon Disclosure Project という正式名称で，気候変動問題のみを扱ってきましたが，現在では正式名称を CDP とし，ウォーターとフォレストも分析対象になっています。

　もう 1 つの流れとして**統合報告**があります。有価証券報告書，アニュアルレポート，CSR 報告書など，企業は複数の報告書を発行するようになりました。これらの報告書を統合し，統合報告書を作成すべきであるという考え方が主張されるようになり，A 4 S（The Prince's Accounting for Sustainability）と GRI 等により，**IIRC**（国際統合報告審議会，IIRC）が設置されました。2013 年 12 月に発行された「国際統合報告フレームワーク」を契機にし，日本でも，統合報告と銘打った報告書が徐々に増えつつあります。

　ESG 投資の拡大に伴い，社会環境報告の議論は投資家のニーズを中心に進んでいるようにもみえます。またこれにより，社会環境報告に対する

社会的関心も今まで以上に高まっています。しかし，社会的アカウンタビリティのそもそもの考え方からみると，投資家は，数ある情報利用者の１つでしかありません。投資家を中心にして議論を進めることは，社会環境会計論のもともとの理念からみて，問題があるかもしれません。投資家が必要とする情報と，社会一般が必要とする情報には，どのような違いがあるか，今後，整理されていく必要があるでしょう。

4　ま　と　め

　やや抽象的になりますが，会計は人を動かすツールです。経営者を含む企業の関係者は，さまざまな状況で，会計を利用し，意思決定を行っています。異なった会計情報が与えられれば，異なった意思決定がなされる場合もあるでしょう。

　とりわけ会計が計算する利益の情報は，これまでステイクホルダーに対して多大な影響を及ぼしてきました。会計が，これまで利益情報を通じて人を動かしてきたように，社会や環境に関わる問題についても，人を動かしていくことはできるでしょうか。

　計算や報告の範囲を拡張していくことで，より望ましい社会を作る方向に人を動かすことができるかもしれません。社会環境会計論は，比較的まだ新しい領域ですが，会計が社会を変えていくという立場から，社会や環境にかかわる諸問題の軽減・解決に貢献しようとする領域です。

Exercise ●●●●●●●●●●●●●●●●●●●●●●●●●●●●●●●●●

❶　興味のある企業が実施している CSR について調べ，その CSR に関連するステイクホルダーを挙げてみてください。

❷　その企業は CSR 報告書を公表しているか，している場合は，いつから公表しているか，調べてみてください。（リンク切れの場合にはインターネットアーカイブサイトが便利です https://archive.org）

❸　その報告書が取り上げてきたテーマはどのような変遷を経てきたでしょうか。

■ さらなる学習のために ──────────────────────

岩井克人『会社はだれのものか』平凡社，2005 年

國部克彦「社会環境会計」神戸大学経済経営学会『ハンドブック経営学』ミネルヴァ
　　書房，2016 年，pp.429-443

ジム・コリンズ，ジェリー・ポラス（山岡洋一訳）『ビジョナリーカンパニー　時代を
　　超える生存の原則』日経 BP 社，1994 年

水口剛『ESG 投資 新しい資本主義のかたち』日本経済新聞出版社，2017 年

宮崎修行『統合的環境会計論』創成社，2001 年

向山敦夫「企業の社会的責任と財務報告の拡大」安藤英義他編『企業会計と法制度（体
　　系現代会計学）』中央経済社，2011 年，pp.207-229

公 会 計

Key **W**ords

公会計，地方公営企業会計，社会福祉法人会計

① 公会計とは

　公会計の定義はかならずしも確立していませんが，公共サービスを提供する組織の会計のうち企業会計以外の会計を，ここでは公会計と呼びます。

　公共サービスとは，国民が日常生活および社会生活を円滑に営むために必要な基本的な需要を満たす行為で，具体的には，教育・医療・司法・消防・警察・放送・電力・ガス・水道・交通・通信・住宅・都市計画・福祉・環境保護・文化振興・国防など広範囲にわたります。もともとは国または地方公共団体が行う事業であることが多かったため，従来は，公会計とは国や地方公共団体の会計を指すという考え方がありました。

　しかし，こんにち，これらの公共サービスは国または地方公共団体のみによって提供されているわけではありません。かつては国や地方自治体に加えて独立行政法人や公営企業といった**公的部門（パブリックセクター）**が主に公共サービスを提供していましたが，昨今は**民間部門（プライベートセクター）**の役割が増大してきました。こんにち，公共サービス＝公的部門の事業，といった図式は成立しなくなっており，公共サービスにおける公的部門（パブリックセクター）と民間部門（プライベートセクター）の境界線は曖昧になっています。

　たとえば，ガスは戦前から東京瓦斯など民間企業によって供給されてき
ました。電力は 1951 年から東京電力や関西電力といった民間企業が担っ
ています。通信は 1985 年から NTT グループなどに，鉄道は 1987 年から
JR グループに，それぞれ国から移管され，民営化されました。2007 年に
は郵便事業が民営化され，同時期に空港や高速道路の運営主体も公的部門
（パブリックセクター）から民間部門（プライベートセクター）へ移管されま
した。放送はこんにちでも国営の日本放送協会（NHK）が担っていますが，
民間放送局が多くあることはみなさんもよく知っているでしょう。その他，
警察とは別に民間の警備会社があったり，民間企業が独自に（国の支援に
頼らずに）都市開発をしたりする例も多くあります。

　さらに，教育に目を向けると，大学進学率の増加や教育内容の多様化に
よって，国公立大学だけでなく私立大学が重要な位置を占めています。現
在，日本の大学の 8 割は私立大学です。民間の学校法人によるサービス提
供の拡大は，幼稚園・小学校・中学校・高校といった他の教育機関にもあ
てはまります。病院には都道府県や市町村といった自治体が運営する公立
病院のほかに，医療法人や個人によって運営されている民間病院がありま
す。現在，民間病院は全国の病院数の 7 割以上を占めています。また，保
育園や障碍者支援施設・老人福祉施設などについては社会福祉法人が運営
している場合が多いです。保育園では社会福祉法人のみならず，近年では
企業や病院，学校のなかに保育園が設けられることも多くなり，これらを
合わせると 7 割が民間保育園です。

　このように，こんにち，公共サービスを提供する組織は，公的部門（パ
ブリックセクター）に加えて民間部門（プライベートセクター）にも広がり
をみせています。したがって，公会計とは，公的部門の行う会計のみなら
ず，民間部門の会計も含むというのが，こんにちの一般的な理解です。た
だし，民間部門の組織のなかには株式を上場している企業があり，そのよ
うな場合は，金融商品取引法に基づき通常の企業会計に準拠することにな
ります。もちろん，さらにその中にはガス事業会計規則・電気事業会計規
則・電気通信事業会計規則・鉄道事業会計規則など，それぞれの業界規制

を受ける例も存在しますが，一般的に，これらの事業別会計を公会計と称することはありません。したがって，前述のとおり，ここでは，企業会計および事業別会計に準拠している組織を除いた，公共サービス提供主体の会計を公会計と呼ぶことにします。

　なお，公共サービスと類似した用語に，**公益事業**があります。公益事業とは，運輸・郵便・通信・水道・電気・ガス・医療・公衆衛生の事業で，公共サービスよりも狭い範囲を指しますが，これも確立した定義があるわけではありません。公益事業を行う企業の多くは上述のとおり一般的な企業会計と業種別会計を併用していますが，水道と医療・公衆衛生を担う企業・法人は公会計を適用することが多いようです。

　以上より，具体的には，公会計に含まれるのは，国・地方公共団体・独立行政法人・公営企業などの公的部門（パブリックセクター）の会計と，公益法人（公益社団法人・公益財団法人）・社会福祉法人・医療法人・学校法人などの民間部門（プライベートセクター）の会計となります。

　公益法人（公益社団法人・公益財団法人）・社会福祉法人・学校法人などは，**法人税法上の公益法人等**として法人税等の税金を免除されます。これは，従来は公的部門に属するとされていた公共サービスを，公的部門に代わって提供するという意味で，準公的部門として位置づけられているからです。同様の考え方から，国や地方自治体が財務書類を作成する場合に，これらの法人税法上の公益法人等を連結決算の範囲に含める場合があります。

　公会計は，貸借対照表や損益計算書，キャッシュ・フロー計算書，株主資本等変動計算書などの財務諸表を作成する点で企業会計と共通します。一方，公会計は，公共サービスを提供する組織の根拠法などの法体系が存在する点で，企業会計とは異なります。企業会計にも金融商品取引法，会社法，法人税法といった法体系がありますが，公会計にはこれらとは別の法体系が存在します。たとえば，国なら財政法，地方自治体なら地方自治法，独立行政法人なら独立行政法人通則法，公営企業なら地方公営企業法，学校法人なら私立学校法，医療法人なら医療法，社会福祉法人なら社会福祉法といった法律があります。

　以下，本章では，公的部門（パブリックセクター）の地方公営企業の会計と，民間部門（プライベートセクター）の社会福祉法人の会計をとりあげて，順に説明します。

② 　地方公営企業会計

　公営企業とは，地方公共団体が，住民の福祉の増進を目的として設置し，経営する企業のことです。事業例としては，上下水道，病院，交通，ガス，電気，工業用水道，地域開発（港湾，宅地造成等），観光（国民宿舎，有料道路等）などが挙げられます。

　公営企業のなかでも，地方公営企業法がすべて適用される事業のことを，**地方公営企業**と呼びます。**図表 13-1** にあるように，水道，工業用水道，交通（船舶以外），電気，ガスの事業を行う公営企業が地方公営企業です。これらの公営企業は，**地方公営企業会計**を適用しなければなりません。公

図表 13-1　地方公営企業法の適用範囲

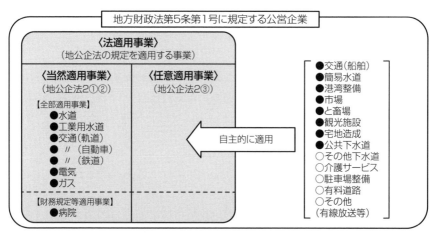

※　●のついたものは，地財法第6条に規定する特別会計設置義務のある公営企業。
※　公営企業のうち，法適用企業は3,301事業，法非適用事業は5,097事業となっている。（平成29年度）

（出所）総務省ホームページより

共下水道，交通（船舶）などは地方公営企業法の適用が任意となっていますが，これらの任意適用事業についても地方公営企業会計については重点的に適用への取り組みが進められています。たとえば公共下水道事業に関しては，人口3万人以上の団体では約99％が，人口3万人未満の団体でも約27％がすでに地方公営企業会計を適用しています。

　地方公営企業法が適用されると，地方公共団体が設置するものとはいえ，民間企業に非常に類似した組織となります。たとえば，地方公共団体の経費が税金によって賄われるのに対し，地方公営企業は，基本的に，提供するサービスの対価である料金収入によって維持されることになっています。もちろん，必要な場合ややむを得ない場合は，地方公共団体の一般会計または他の特別会計から補てんすることも認められていますが，基本的に，自らの努力で収入を確保しなければなりません。

　また地方公営企業の組織は，地方公共団体の一般行政組織からは切り離され，民間企業の社長にあたるような管理者（任期4年）が設置されます。管理者は，その経営のために独自の権限を与えられ，自主性を強化されますが，同時に，企業としての合理的・能率的な経営を確保する責任を負います。また，職員の給与は職務給に加え能率給で支払われます。職員の発揮した能率や能力によって給料の金額が決定される制度が導入されており，これまでの公務員とは異なるイメージであることがわかります。

　さらに，地方公営企業は，将来にわたり安定的に事業を継続していくための中長期的な経営の基本計画である経営戦略を策定しなければなりません。たとえば，大阪市水道局では2018年3月に，水道事業および工業用水道事業の経営の基本計画として「大阪市水道経営戦略2018-2027」を策定しました。そこでは，経営状況，課題解決に向けた4つの「戦略マネジメント」，各マネジメントにおける基本施策，今後の収支見通し（2018～2027年度），今後の水道事業の方向性，今後10年間に取り組む施策，市民・お客さまとの10のコミットメントなどについて180頁にわたる膨大な資料を作成・公表しています。さらに，以下のような数値目標も掲げています。たとえば，お客様センター満足度調査における「総合満足度」4点以

上（5点満点）の評価90％以上を維持，職員数200人以上の職員削減による「職員1人当たりの給水量」309千㎥／人以上達成，企業債残高400億円以上の削減による自己資本構成比率の向上，などです。

　このように，地方公営企業は民間企業に非常に類似している事業体であるといえますが，それが最も顕著に表われているのは，企業会計に類似した**地方公営企業会計**を導入しなければならないということでしょう。地方公営企業は，事業ごとに経営成績および財務状態を明らかにして経営すべきであるとされ，その経理の事業ごとに，地方自治体の一般会計とは別の特別会計を設置しています。たとえば，大阪市水道局の場合は，水道事業と工業用水道事業のそれぞれについて特別会計を設けています。そして，それぞれの特別会計は地方公営企業会計に準拠していなければなりません。地方公営企業会計は，企業会計方式をとっており，官公庁会計とは異なる会計となっています。まず，官公庁会計は現金主義で単式簿記を採用しているのに対し，地方公営企業会計では発生主義で複式簿記を採用します。また，地方公営企業会計では，損益計算書・貸借対照表等の作成が義務づけられています。

　病院や地方公営企業法非適用事業は，能率給を導入したり経営戦略を策定したりする必要はありません。しかし，地方公営企業会計については，病院は導入しなければなりませんし，法非適用事業も導入が集中的に進められています。

　近年，地方公営企業会計は大幅に見直されました。企業会計の方式により大きく近づけるような改正が行われたのです。すなわち，2011年度に地方公営企業法施行令等が改正され，その改正内容は，2014年度決算から適用されています。

　新しい地方公営企業会計のインパクトは大きく，これまで一度として黒字決算となったことがなかった水道事業が，新制度導入と同時に一気に収益を計上し，累積欠損金をすべて解消する事例が出るほどでした（**図表13-2**）。たとえば，地方公営企業が受け取った国庫補助金を，旧制度では資本剰余金としていましたが，新制度では利益剰余金として計上すること

になりました。また，補助金を利用して取得した固定資産について，旧制度では補助金分を控除して減価償却費を算出していましたが，新制度では取得額の全額を減価償却するとともに補助金分を営業外収益（長期前受金戻入）として計上することになりました。これらにより，一気に利益剰余金が増額したのです。

図表13-2 S市公共下水道事業の要約損益計算書

（単位：千円）

	2013年度	2014年度	新会計のインパクト
	旧会計基準（A）	新会計基準（B）	増減額＝（B）－（A）
営業収益	3,530,946	3,513,790	▲17,156
うち下水道使用料	3,462,522	3,434,791	▲27,731
営業費用	5,811,597	6,009,308	197,711
うち減価償却費	3,956,493	3,895,927	▲60,566
営業利益	▲2,280,651	▲2,495,518	▲214,867
営業外収益	2,807,249	4,403,174	1,595,925
うち長期前受金戻入	0	1,590,319	1,590,319
営業外費用	1,229,197	1,158,290	▲70,907
経常利益	▲702,599	749,366	1,451,965
特別利益	4,980	134	▲4,846
特別損失	31,421	215,593	184,172
当年度純利益	▲729,040	533,907	1,262,947
前年度繰越利益	▲5,442,571	▲6,171,611	▲729,040
その他未処分利益剰余金変動額	0	12,261,294	12,261,294
当年度未処分利益剰余金	▲6,171,611	6,623,590	12,795,201

（出所）山本・佐藤（2018），63ページ。

　現在，水道事業は岐路に立っているといわれます。人口減少に伴い水需要が減少し，それに伴って収益が減少して経営が悪化することが懸念されています。また，経営の悪化に伴い，水道管の更新などの必要な投資が行えないということになれば，施設の老朽化や水質の悪化が生じるのではないかと心配されています。そのため，水道事業を民営化して，より効率的な運営を目指すべきだという議論が出てきています。他方で，世界の水道

民営化に関する調査機関 PSIRU（公共サービス国際研究所）のデータによると，2000 年から 2015 年の間に，世界 37 ヵ国 235 都市が，一度民営化した水道事業を再び公営に戻しているとされ，民営化の失敗が報告されています。

　日本人にとって，水は蛇口をひねればいくらでも出てくる，蛇口の水は飲めるほど清潔である，ということは当たり前のことです。けれども，人口減少や財政難のなかで，水道事業をこれまでどおりに継続するのは簡単なことではありません。ここでは水道事業を取り上げましたが，このような地方公営企業の問題は，これからますます重要になってくると考えられています。この問題に対して，経営面や法律面だけでなく，会計面からも考えていくことができるよう，地方公営企業会計について理解を深めることは大切なことだといえるでしょう。

③　社会福祉法人会計

　社会福祉法人とは，社会福祉事業を行うことを目的として，社会福祉法に基づいて設立された法人です。社会福祉事業には，第一種社会福祉事業と第二種社会福祉事業がありますが，第一種社会福祉事業を行うことができるのは，国，地方公共団体および社会福祉法人だけです。社会福祉とは，狭義には基本的人権の保障の観点から生活困窮者の生活保障や心身に障害等があり支援や介助を必要とする人への援助を行う公的サービスをいいます。広義には全国民を対象に一般的な生活問題の解決を目指す取組みを指します。少子高齢化に伴い，お年寄りの介護サービスや，待機児童解消のための保育サービスが近年特に注目されてきました。

図表 13-3 社会福祉事業の内容

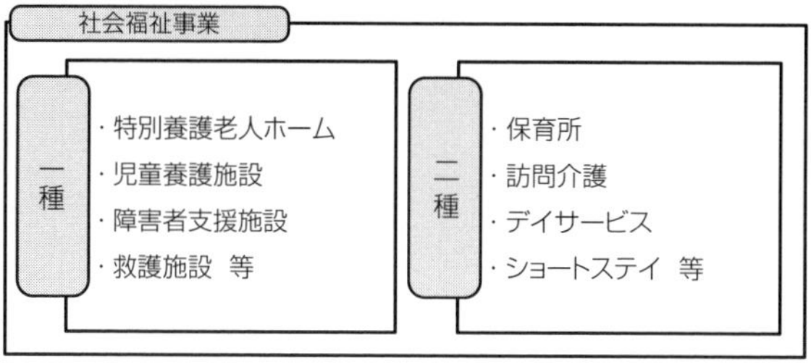

```
┌─ 社会福祉事業 ─────────────────────────────┐
│                                            │
│  ┌─┬────────────────┐  ┌─┬──────────────┐ │
│  │ │・特別養護老人ホーム │  │ │・保育所       │ │
│  │一│・児童養護施設    │  │二│・訪問介護      │ │
│  │種│・障害者支援施設   │  │種│・デイサービス    │ │
│  │ │・救護施設  等    │  │ │・ショートステイ 等 │ │
│  └─┴────────────────┘  └─┴──────────────┘ │
└────────────────────────────────────────┘
```

（出所）厚生労働省ホームページより

　民間の有志が福祉の問題を解決しようとして組織した団体は戦前から多数ありましたが，ここでは「社会福祉の父」とも呼ばれる糸賀一雄氏が戦後に創設した社会福祉法人びわこ学園を取り上げてみましょう。びわこ学園は，「医療と教育の機能をもつ重症心身障害児施設が必要である」ということから，病院の機能を持った児童福祉施設として 1963 年に誕生しました。

　糸賀氏は障害の重い人たちの生活の創出と幸福を追求し，「この子らを世の光に」と提唱しました。「を」と「に」が逆になれば，この子どもたちは哀れみを求めるかわいそうな子どもになってしまいます。しかし，糸賀氏の言葉は，この子らが，みずみずしい生命にあふれ，むしろ周りの私たちに，そして世の人々に，自分の生命のみずみずしさを気づかせてくれるすばらしい人格そのものであるということを伝えました。びわこ学園はそんな理念を現在に引き継ぎ，びわこ学園医療福祉センター草津・野洲（長期入所，短期入所，入院，外来診療等）を核として，生活介護，訪問看護，居宅介護，相談支援，グループホーム等，さまざまな支援ニーズをもっている重症心身障害者の生活を支援する事業を行っています。

　そんな社会福祉法人にも近年，民間企業の経営に類似した手法が取り入れられるようになりました。2016 年における社会福祉法の改正では，社会福祉法人制度の改革として，①経営組織のガバナンスの強化，②事業運営の透明性の向上，③財務規律の強化などが進められました。いずれも，

民間企業の経営の発想を社会福祉法人の経営に導入しようとするものです。これらの導入にあたっては，企業会計制度の適用が重要な1つの手段となっています。たとえば，一定規模以上の社会福祉法人については会計監査人による監査が義務づけられるようになりました。また，後述する社会福祉充実計画の策定にあたっては，公認会計士・税理士等からの意見聴取と確認書の取得が必要になりました。こんにち，公認会計士や税理士は，営利企業の経営を監査したりアドバイスしたりするだけでなく，社会福祉法人などの経営にも深く携わるようになっているのです。

このような改正が行われたきっかけは，2011年7月7日付の日本経済新聞で，社会福祉法人が「内部留保をため込んでおり，地域社会に還元していない」という批判がなされたことでした。この記事は，社会福祉法人の多くが黒字を純資産にため込んでおり，社会還元をしていないため，調査対象の社会福祉法人の純資産を合計すると13兆円ほどにのぼるというものでした。その後，国の調査により1施設当たり約3億円の内部留保をため込んでいるという調査結果も出たために，社会福祉法人への批判は一層厳しくなったのです。

この批判を受けて社会福祉法が改正され，2017年度から社会福祉法人は内部留保のうち社会貢献に活用可能な部分を「社会福祉充実残額」として算定しなければならなくなりました。そして，社会福祉充実残額が存在する場合はそれを解消する計画を策定し，それにもとづく事業を実施することで，地域の福祉ニーズに応えていくことが義務づけられたのです。ここで策定される計画が，前述した「社会福祉充実計画」です。つまり社会福祉充実計画とは，社会福祉法人がため込んでいるとされた内部留保を，地域貢献に活用するための計画です。

ところが，2017年度に厚生労働省が明らかにしたところによれば，社会福祉充実残額があるとした法人は17,417法人中2,025法人，わずか12%でした。言い換えれば，88%の社会福祉法人は社会貢献に活用できるような内部留保を持ち合わせていなかったということになります。

これは，上述の批判が，誤解に基づいた部分があり，妥当ではなかった

からだとされています。すなわち，内部留保として指摘されたのは貸借対照表の貸方の純資産部分ですが，このうちのほとんどは貸借対照表の借方で施設や土地，運転資金として活用されており，現金としてため込んでいるわけではありません。施設・設備の更新のために社会福祉法人内に資金を留保しておく必要もあります。実際に社会還元に活用できるほど資金を余らせている法人は，それほど多くなかったのです。

　それでは，「内部留保をため込んでいる」という批判が妥当でないのであれば，こんにちの社会福祉法人会計は何のために行っているのでしょうか。それは，「社会福祉法人全体の財務状況を明らかにし，経営分析を可能にするとともに，外部への情報公開にも資するため」と説明されています。民間企業とは異なり，株主や投資家はいませんが，寄附を行う寄附者・指導を行う地方公共団体・融資を行う金融機関・サービスを受ける利用者および家族などにとって有益な情報を，社会福祉法人会計は提供すると考えられています。

　社会福祉法人会計基準では，原則として，法人全体・事業区分別・拠点区分別に，資金収支計算書・事業活動計算書・貸借対照表の3つの計算書類を作成する必要があります。したがって，最低9つの計算書類を作成しなければなりません。さらに，附属明細書および財産目録などの作成も求められています。社会福祉法人の財務諸表は，独立行政法人福祉医療機構の提供する「社会福祉法人の財務諸表等電子開示システム」で入手することができます。

Exercise ●

❶　政府，地方自治体，独立行政法人，公益法人，学校法人，医療法人，社会福祉法人，NPO法人などから興味のある団体の決算書を探してみましょう。また，その決算書には，企業会計における決算書とどのような異同点があるか，調べてみましょう。

❷　民間の営利企業の経営の発想を公的部門に取り入れることを，ニュー・パブリック・マネジメント（NPM）ということがあります。NPMが持つメリットとデメリットについて調べてみましょう。

❸　企業会計の主な要素は，発生主義会計の理論と複式簿記の計算技術です。これま

での本テキストの内容に基づいて，発生主義の理論と複式簿記のしくみについてあらためて説明してみましょう。

さらなる学習のために

黒木淳編著『公会計テキスト』中央経済社，2019 年。
柴健次編著『公共経営の変容と会計学の機能』同文舘出版，2016 年。
大塚宗春・黒川行治編『政府と非営利組織の会計』中央経済社，2012 年。
山本哲三・佐藤裕弥編著『新しい上下水道』中央経済社，2018 年。

グローバル時代の ROE 経営

Key Words

グローバル管理会計，会計責任，管理可能性原則，振替価格

1　グローバル時代を生き残るために

　今日では，多くの製品が海外から輸入され，海外へ輸出されるだけではなく，多くの企業が，その製造拠点を海外に有するだけでなく，営業・マーケティング・開発の機能もグローバルに展開しています。しかし，世界で活躍する日本企業もある一方で，多くの日本企業がグローバル経営で苦戦を強いられています。

　激しい競争環境における不十分なマーケティングや製品開発戦略，海外における文化の相違やコミュニケーションの問題などといった苦戦の原因もある一方で，経営管理の仕組みの課題もあります。グローバル化という経営の広がりは，単に静的に情報の非対称性が大きいだけでなく，環境変化の予測も困難にしますが，そのような状況において，いかに適時・適切に状況把握を行い，適時に柔軟かつダイナミックに変化に適応するかが経営上重要になります。しかし，「現場」「現物」「現実」といった三現主義に代表されるように経営者自身がオペレーションを確認する（それ自体が強みになっているのですが）など，必ずしも物理的距離が大きいなかで，情報を頼りに事業の管理を行うリモートコントロールが得意ではない日本企業もあります。そこで，本章では，事業をグローバルに展開している企業

のケースから，そこでの管理会計のありようについて検討します。

② A社のグローバル管理会計

(1)　A社の概要

　A社はB to Bビジネスをメインとする電子部品メーカーであり，ある
2つの事業を柱としています。2017年度の有価証券報告書によると，そ
の連結売上高は約2,000億円，連結営業利益は約100億円を計上し，一定
水準のROEを記録しています。海外売上高比率が非常に高く，製造も日
本国内には拠点を有しておらず，すべて中国や東南アジアに展開した海外
製造子会社で行っています。ここから高度にグローバルに展開した企業の
1つといえるでしょう。

　日本本社には，管理などのスタッフ部門のほか，生産量や調達のコント
ロールや生産技術を担う製造本部と，一部販売職能を有し，グローバルな
事業活動のかじ取りを行っている主力事業に対応した2つの事業部があり
ます。営業活動は，本社で練られた販売戦略のもと，海外販売子会社と本
社事業部がコミュニケーションを図りながら，顧客へのアプローチは海外
子会社の裁量で行われます。また，生産活動に関しても，日本本社の事業
部において月に1回作られる月次および1年間の販売計画に基づいて各海
外製造子会社において生産する製品と見込数量が取りまとめられ，それを
基礎として各海外製造子会社において実際の受注に基づいて具体的な生産
計画が作られます。なお，日本本社の事業部には，顧客との窓口となり販
売職能と製販調整を行う営業部と製品の開発・設計を行う技術部がありま
す。

　日々の事業活動に関しては，海外販売子会社が日本本社の事業部に報告
し，コミュニケーションを図っているのと同様に，海外製造子会社も，生
産の状況それ自体を日本本社の製造本部および事業部にも報告を行ってお
り，それらの報告に基づいて日本本社の事業部の営業部が，製造と販売を

総合的に管理しています。このように，その報告ラインと機能から考えると，実質的には，日本本社の事業部が経営管理の中心を担っており，事業部のもとの各職能として，海外製造子会社と海外販売子会社が位置づけられていると理解できます。

　A 社の製品は，安価に大量生産することを可能にする生産技術を基礎とした品質とコストのバランスにその競争力があり，一方の事業において，その市場の大きさと安定性をもつ取引において一定程度の売上を上げることができるポジションを確保していることが A 社の強みでありますが，他方の主力事業には最終製品の競争状況および売れ行きの変化やそこで求められるニーズの変化の速さと大きさから大きな不確実性が存在しています。

(2)　中期 ROE 目標の設定

　第 7 章でも触れたように，2014 年 8 月に，経済産業省のプロジェクトである「持続的成長への競争力とインセンティブ～企業と投資家の望ましい関係構築～」プロジェクトの最終報告書（伊藤レポート）が発表され，そのなかで売上高利益率の向上による中長期的な ROE の向上が唱えられるなど，近年，企業経営における ROE の重要性が強調され，A 社も，3ヵ年の中期経営計画における最重要目標として ROE の向上を掲げるようになりました。

　A 社では，以前より経営指標として ROE を取り上げてはいたものの，具体的な数値目標を設定したり，何らかの経営指標へと展開することはありませんでしたが，X 氏（現社長）が社長に就任すると，中期経営計画の策定の際に，グローバルな大手企業に見劣りしない会社を目指して，中期的な ROE 目標値が全社として設定されました。この ROE 目標の設定の背景には，中国や東南アジアにある製造子会社の人件費の上昇やその将来的な可能性への対処としての機械化（設備投資）とそのもとでの利益率の維持・向上の重要性があり，ROE 目標の設定を通じて日本本社の事業部や海外子会社の経営陣への経営意識の醸成も図られています。

（3）　会計責任の設計と ROE の分解

　第9章のバッファローのケースで，事業部には売上高，売上総利益，市場シェアが達成すべき目標として与えられたように，企業内の部門には何らかの会計的に表現された責任（**会計責任**）が与えられます。会計責任の設定に際しては，**管理可能性原則**に基づいて，業務内容の内容から責任を規定するという考え方が主流です。ここで，業務内容の理解のためには，各部門の活動が資本を活用したインプット（利用される資源）のアウトプット（財やサービス）への変換であり，このインプットからアウトプットへの最適な変換が事業活動の管理であると考えることが重要です（**図表14-1**）。

図表 14-1 事業活動のプロセスモデル

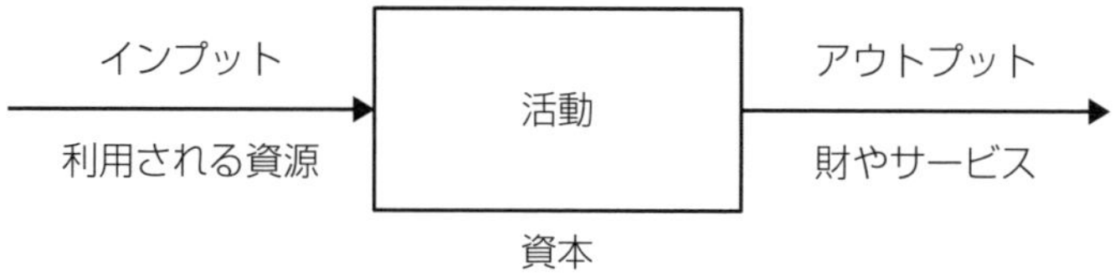

　たとえば，生産部門は，資本投下によってもたらされた設備機械を利用し，材料，労働などをインプットとし，製品というアウトプットを完成させる活動を行い，販売部門は，販売担当者の労働や販売促進の取り組みをインプットとし，製品の販売というアウトプットを生み出します。このような，インプット，アウトプットのどちらか，もしくは両方を会計的に測定することで，各部門に課される会計責任が決められます。ここで，インプットは利用した資源量であり，会計的には「原価」「費用」「コスト」といった形で測定され，アウトプットは財やサービスの提供に対する金額表示として「収益」「売上」として測定されます。そして，アウトプットとインプットの差額として，「利益」が測定されます。

　生産部門の場合，設備機械を利用し，材料，労働などをインプットとし，製品というアウトプットを完成させる活動を行ってますが，設備機械の投資については，通常，生産部門ではなく，トップ・マネジメントなどのよ

り上位の管理者が決定していますし，アウトプットである製品についても，その完成自体は生産部門によって管理されますが，それをいくらで販売するのか，何個販売するのかは，販売部門が担当しており，生産部門は管理不能です。このように，投下資本や，製品の販売については生産部門は管理不能である一方で，インプットとしての材料や労働などの資源の投入に関しては生産部門は管理可能であり，製品の数量（アウトプット）と比して効率的に資源の投入（インプット）を行うことが生産部門には求められます。

　このように生産部門のアウトプットについては，生産部門にとって販売活動が管理不能であるため，管理可能性の観点からはそれを会計的に金額で表現することが難しい一方で，インプットについては利用した資源や労働をコストとして測定することができます。ここから，生産部門は，製造原価（製品の製造にかかったコスト）を会計責任として与えられることになります。同様に，販売部門は，その活動内容から，売上と販売費に責任を有することになりますし，事業部は，生産・販売の両方を管理可能であり，インプットとして製造原価，販売費といった営業費，アウトプットとして売上高を測定することができるので，売上高から営業費を差し引いた利益やその関連する指標（売上高利益率など）に会計責任を有することになります。また，事業部には設備投資の権限が与えられている場合があるので，その場合は，資本の効率的利用ということで，ROAなどの資本利益率を会計責任とすることもあります。

　それでは，A社のケースに戻って会計責任を検討してみましょう。ROEを会社全体の目標とした場合，その分解公式（第7章）を念頭に，先の管理可能性に基づく会計責任から考えると，その社内展開の方法としては，①事業部の会計責任をROEとする（この場合，計算するために，事業部に資産だけでなく，負債と純資産が割り当てられている必要があります），②事業部の会計責任をROAとし，財務レバレッジは別途管理部が責任をもって管理する（この場合，計算のためには，事業部に資産が割り当てられている必要があります），③事業部の会計責任を売上高利益率とし，総資産回

転率と財務レバレッジは何らかの制度およびプロセスのもとで管理する，といった3つが考えられます。現時点では，A社では，ROEや，そこから財務政策の論点を除いたROAがそのまま目標値として事業部や海外子会社に展開されているわけではなく，**図表14-2**のように，ROEの三分解に従って，事業部には，（売上高純利益から営業外損益や特別損益の影響を排除した）中期的な売上高営業利益率が目標として与えられ，総資産回転率や財務レバレッジはそれぞれ別の方法で管理されています。

図表14-2 A社における中期ROE目標の展開

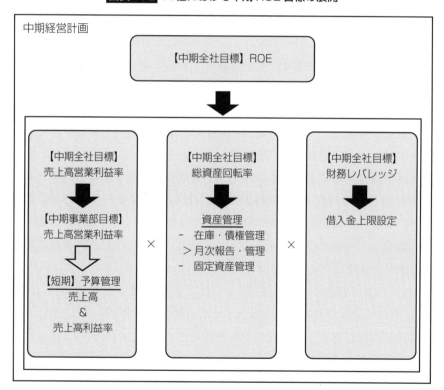

（4）　総資産回転率の管理：流動資産管理と固定資産管理

ここでは，まず総資産回転率の管理についてみていきます。総資産回転

率の目標値は，財務レバレッジの財務政策的目標値（後述）と目標 ROE
を所与として，利益率とのバランスから決定されていますが，現実には，
その目標値は，すでに達成している高い水準の維持になっています。ただ，
労働集約的な生産プロセスの機械化による省人化という会社としての方針
があるなかでは，その水準の維持それ自体も高い目標であるといえます。

　高い水準の維持のために，会社として投資を含めた固定資産の管理の厳
格化と，これまでも行ってきた在庫や債権の回転期間の管理を基本方針と
して取り組んでいます。事業部や海外子会社からの月次報告（詳細は後述）
のなかで，在庫や売上債権の水準およびその回転期間（当該流動資産／（売
上高÷365））・滞留状況を毎月日本本社の経理部がモニタリングし，たと
えば滞留在庫については陳腐化に関係なく強制的に引当金が計上されてい
ます。

　固定資産に目を移すと，以前は積極的な投資を行っていたこともあり，
X 社長就任時には，活用していない遊休資産が存在していたため，資産効
率の向上という観点から工場の閉鎖や遊休資産の廃棄などを行いました。
そのうえで，機械化を基本方針とする一方で，設備投資意思決定プロセス
の整備を行い，多額の投資案件は，多様な部門の管理者から成る日本本社
の審議委員会での多面的な審査を経て意思決定を行うというプロセスを整
備しました。設備投資の立案自体は，基本的には，その必要性とプロセス
改善の観点から海外子会社によって，生産技術の展開の観点から日本本社
の製造本部によって，そして顧客の新機種のタイミングで日本本社の事業
部によって，それぞれなされますが，投資の審査においては，戦略性や需
要変動などの不確実性リスクなどの定性的要素とともに，正味現在価値（詳
細は割愛しますが，貨幣の時間価値を考慮して，投資によって得られる収入や
コスト削減が，投資額をどの程度上回っているのかを計算します）や回収期間
（投資を何年間で回収できるか）といった会計的投資採算性が評価されます。
しかし，いかに慎重に検討しようとも，顧客との関係特殊的に行った投資
が想定どおりの需要がない，つまり不確実性リスクの顕在化などの要因に
よって，余剰設備が生じることがあり，その場合，売上高営業利益率の低

下などを契機として，余剰設備は適宜廃棄や減損処理されています。

(5) 財務レバレッジの管理：財務政策

次に，財務レバレッジです。財務レバレッジの目標値は，財務的な安全性と負債の活用の感覚的なバランスから財務政策として目標値が設定され，すでにその水準は達成されており，その維持が図られています。なお，Ａ社では，各海外子会社に借入金の上限が設定されており，その上限以上の借入に対しては本社の承認を要することとなっており，この上限の設定を通じて，グループ全体としての財務レバレッジの水準は管理されています。

(6) 売上高利益率の管理：予算管理

最後に，売上高営業利益率の管理です。Ａ社では，伊藤レポートのなかで指摘されたとおり，中期ROE目標達成のためにこの売上高営業利益率の向上が大きな課題とされています。先述したとおり，中期目標のうち，この売上高営業利益率目標が唯一事業部に中期目標値として展開され，事業部では，売上高営業利益率を向上させるべく，容易ではないものの，より付加価値の高い新製品の開発と，製品設計だけでなく，量産時の生産プロセスにおけるコスト発生態様（試作と量産では生産プロセスが異なるので，コストの発生のありようが変わることがよくあります）までを意識した設計・開発によるコスト低減を目指しています。

また，中期的な施策である機械化を推し進めることで，人件費の上昇によるコスト増を抑えるだけでなく，不良率の低下による品質コストの低減も図られています。この売上高営業利益率は，中期と短期の緊密な連携とまではいかないものの，中期売上高営業利益率の達成を目指して，事業部や海外子会社に対する短期的な予算管理の中心として管理がなされています。

予算編成

中期ROE目標から展開された事業部の中期売上高営業利益率目標を達

成すべく，年度の売上高や売上高営業利益率目標の設定が目指されますが，
一方で，B to B ビジネスという事業特性から，顧客製品の売上動向の影
響が大きく，短期的な目標設定では，市場の売上予測という側面を考慮せ
ざるを得ません。A 社の予算編成は，販売子会社および事業部から提出
された将来予測に基づく売上目標を積み上げるところから出発します。そ
の後，集約された売上目標を海外製造子会社に割り振り，それを受けて，
各製造子会社は，施策とともに営業利益目標を本社に提出します。

　しかし，日本本社から見た場合，海外子会社から提出される目標は概し
て保守的であり，過去実績と比較しても低水準になることが多く，そのま
ま予算として認めると，日本本社が会社として考える目標水準としては不
十分となります。

　そこで，日本本社において提出された内容を精査し，過去の当該子会社
の目標設定の傾向や過去実績から想定される営業利益額を検討したうえで，
あまりにも現状や中期目標等から導かれた目標との乖離がある予算案に対
しては，本社から海外子会社に対して修正が依頼されます。その際，営業
利益目標は，現状のままでは達成できないが，既存の仕組みの改善など，
取り組み方次第では達成可能な水準での依頼がなされます。なお，予算編
成の出発点となる売上目標の妥当性のチェックは，新規開拓の見積や新製
品の売上など予測困難な要素もあるものの，顧客から提示される売上予測
などを基に，可能な限り行っています。このような予算編成における目標
水準について，結果として，営業利益目標は経営環境上の予測の難しい要
素やストレッチの程度などから必ずしも精度が高くないときもあるようで
すが，売上目標の水準については，妥当な水準で設定できているようです。

　日本本社にある事業部は必達目標としての予算目標のほかに目指すべき
姿としての中期売上高営業利益率目標が与えられる一方で，海外子会社に
とっては予算目標が唯一の目標となります。本来であれば，海外子会社は，
生産や販売といった職能別なので管理可能性の見地からはそれぞれコスト
や収益に会計責任を有することになるはずなのですが，海外で事業活動を
行う場合，子会社として設立する必要があることなどから，現状では海外

製造子会社で生産された製品は，日本本社や本社を介して海外販売子会社に販売され，そこから顧客に販売されるという流れになっております。ここで，製造子会社からの販売は，同一企業グループ内取引である一方で，企業間取引になり，製品には価格が付され，販売されることになるのですが，一般的な市場取引とは異なるため，価格が客観的には存在しません。

　そこで，その企業が企業グループ内取引用に設定した**振替価格**（海外子会社との取引の場合，国際移転価格とも言います）が用いられ，各子会社は利益に会計責任をもつこととなります。A社においては，振替価格は，その製品の原価を基礎として，租税上の適切性も考慮して設定されています。その結果，会計責任としては，事業部や海外販売子会社では，売上高，営業利益，営業利益率が，そして，海外製造子会社では営業利益と営業利益率が重視されています。

月次報告

　予算目標を基準として，海外子会社や事業部からは経営会議において月次で業績報告がなされ，経営上層部によるモニタリングが行われます。報告は，海外子会社からは，貸借対照表，売上高や営業利益を中心とする損益計算書，費用明細のほか，販売子会社は得意先別の販売状況および販売見込みが，製造子会社からは，不良品・返品や材料の滞留による廃棄のコストといった品質関連コストや生産数量が報告されます。

　事業部については，各責任者が，当該事業部の製品の製造・販売を行っている海外子会社の連結売上と連結営業利益を中心に損益計算書ベースで報告します。経営会議では，たとえば営業利益率が落ちた場合など，事業部は経営上層部から説明が求められますが，これは業績悪化の原因としてのミスなどを明らかにするためとは限らず，事業の現場で何が起こっているのか，たとえば想定外の事態が生じているのかなど，事業部とのコミュニケーションを通じて環境変化の察知や新たなビジネスの可能性などを理解するといった情報収集を目的としても行われています。ただ，そのためには，経営上層部や管理スタッフには事業部からの説明が，言い訳なのか，

合理的なのかを評価する能力が必要になります。ここには，A 社におい
て売上高営業利益率が重要な指標とされつつも，たとえば今や主要顧客に
なっている企業ですら初めは利益率の低い小さな取引からスタートしてお
り，会社として単にビジネスの大きさや利益率だけで判断するのではなく，
顧客に真摯に向き合うことでビッグビジネスにつながりうるといったよう
な合理的にその利益率が低下する可能性があることが共有されているとい
う背景があります。つまり，事業部には，自身の判断として，短期的な視
点から勝手にリジェクトすることなく，売上高営業利益率が悪化しようと
も，将来のビジネスの拡張性など，中長期的な視点から取引を行うといっ
たチャレンジ精神があり，会社としても，必ずしも売上高営業利益率の高
さだけで判断するのではなく，事業活動の戦略性や中長期的な合理性など
も踏まえて総合的に管理がなされています。なお，経営上層部は，事業活
動の評価を行うためにも，日ごろから事業活動への理解を図っており，社
長を含め，ほとんどの役員がグローバルに飛び回って，コミュニケーショ
ンを図っています。

予算と実績の差（ずれ）の分析

　日本本社の管理部では，先述したとおり，予算編成時にその目標水準の
妥当性の検証を行っていますが，月次報告についても，実績値の妥当性の
チェックなどを行っています。たとえば，海外販売子会社の場合，売上や
固定費からなる販売費及び一般管理費は，期初に設定された予算を基準と
して管理が行われますが，営業利益や営業利益率は予算の達成度という観
点からも管理はされているだけでなく，売上実績に対して営業利益がどの
程度であるべきなのかを，過去実績をもとに CVP 分析（第 8 章）の考え
方に基づいて算定し，それを営業利益実績と比較することで，当該利益実
績の適正さを評価しています。つまり，たとえば，もし売上が何らかの事
情によって減少した場合，一定程度の固定費の存在を考えると，利益額の
減少はもちろんのこと，利益率も低下を余儀なくされますが，このような
状況に対して，利益額や利益率を単に予算との対比で管理するのではなく，

そのあるべき営業利益との対比で実績を評価することで，問題発見や事業理解に努めています。

　また，売上実績についても，実際には，予算目標と期中の変化による現実的な売上水準には乖離が生じている可能性があるため，単に予算と比較するだけでなく，顧客から提示された，たとえば3ヵ月分の販売・生産計画などを分析したり，それらの情報に加えて，顧客が上場企業の場合は，その売上高の実績値を出発点として，自社の売上高の妥当性の確認を行うとともに，競争状況の検証や予期せぬ環境変化の察知を試みています。

③　グローバル時代の経営者・管理者になるために

　A社の管理会計制度，特に予算管理の方法は，必ずしも教科書になっているものではありません。基本的な理論を基礎としつつも，バッファローのケースでも同様でしたが，A社のおかれた状況のなかで，適した形へと創意工夫し，その会社なりの仕組みを作り上げています。

　本章でみてきたとおり，グローバル時代の経営において，予算管理は重要になってきますが，一方で，A社の予算管理のところでも触れましたが，予算管理を機能させるためには，経営者・管理者の能力も必要になります。筆者が行ったA社の聞取り調査で話を伺った管理担当執行役員は，大手監査法人で，海外出向も含み，公認会計士として経験を積んだのち，A社に管理者という立場で転職した経緯がありますが，最初の1年間は，A社において報告される会計数値の裏にどのような事業活動の動きがあるのかわからなかったといいます。しかし，頻繁にある海外出張においてさまざまな質問をしたり，さまざまな会議に出て現状把握をするなかで，A社固有の感覚を得て，会計数値から，裏にある事業活動が見えるようになったようですが，それまで2年ぐらいは要したと述べていました。

　このように，グローバル時代においては，語学はもちろんのこと，会計を含む，経営管理の知識と，それを基礎にした経験が，いい経営者・管理者になるためには必要なのかもしれません。

💡 *Exercise* ●

❶　現在，どのぐらいの数の企業が海外進出しているのかを調べてみましょう。

❷　日本の自動車メーカーの生産および販売のグローバル展開の程度を調べてみましょう。

❸　伊藤レポートを入手して，ROE 経営が求められる背景とその目的をまとめてみましょう。

📚 さらなる学習のために ─────────────────────────

泉谷裕『「利益」が見えれば会社が見える─ムラタ流「情報化マトリックス経営」のすべて』日本経済新聞社，2001 年。

稲盛和夫『稲盛和夫の実学─経営と会計』日本経済新聞社，2000 年。

伊丹敬之・青木康晴『現場が動き出す会計─人はなぜ測定されると行動を変えるのか』日本経済新聞出版社，2016 年。

索　引

214

◆執筆者一覧（執筆順）

西谷順平（立命館大学経営学部教授）　　　　　　　　　　　第1章・第2章

松浦総一（立命館大学経営学部准教授）　　　　　第3章・第4章・第11章

金森絵里（立命館大学経営学部教授）　　　　　　　　　　第5章・第13章

奥村陽一（立命館大学大学院経営管理研究科教授）　　　　第6章・第7章

大浦啓輔（立命館大学経営学部教授）　　　　　　　　　　　　　第8章

堀井悟志（立命館大学経営学部教授）　　　　　　　　　　第9章・第14章

瀧　　博（立命館大学経営学部教授）　　　　　　　　　　　　第10章

東健太郎（立命館大学経営学部教授）　　　　　　　　　　　　第12章

スタートライン会計学（第2版）

2012年 3 月20日　第 1 版第 1 刷発行	
2019年 2 月20日　第 1 版第14刷発行	
2020年 3 月30日　第 2 版第 1 刷発行	
2024年 1 月30日　第 2 版第 8 刷発行	

編　者　立　命　館
　　　　会計教育研究会

発行者　山　本　　　継

発行所　㈱中央経済社

発売元　㈱中央経済グループ
　　　　パブリッシング

〒101-0051　東京都千代田区神田神保町1-35
電話　03 (3293) 3371(編集代表)
　　　03 (3293) 3381(営業代表)
https://www.chuokeizai.co.jp
印刷／㈱堀内印刷所
製本／㈲井上製本所

ⓒ 2020
Printed in Japan